Hogares edificados sobre la roca

Hogares edificados sobre la roca

Principios bíblicos para familias cristianas

Hogares edificados sobre la roca

© 2014 — Todos los derechos reservados por Gardner Hall. No se puede reproducir ninguna parte de esta publicación, ni almacenar en ningún sistema de reproducción, ni transmitir de ninguna forma mecánicamente, en fotocopias, en grabación, digital o de ninguna otra manera sin el permiso de los propietarios de los derechos de autor.

La mayor parte de las citas bíblicas son de la versión Reina-Valera © 1960 Sociedades Bíblicas en América Latina. Algunas citas son de LA BIBLIA DE LAS AMERICAS®, Copyright © 1986, 1995, 1997 por "The Lockman Foundation." Otras más son de Nueva Versión Internacional® NVI® Copyright © 1999 por Biblica, Inc.

Publicado por Mount Bethel Publishing
(Prensa Monte Betel),
P.O. Box 123, Port Murray, NJ 07865,
www.MountBethelPublishing.com

ISBN: 978-0-9850059-3-1
Library of Congress Control Number: 2014902961

Diseño de la cubierta: Kirby Davis'

Printed in the United States
Impreso en los Estados Unidos de América.

A mi mamá dominicana, Aida

y a mi mamá cubana, "Mima"

Contenido

Introducción y agradecimiento   11

Capítulo 1, Preparación   13
¿Cómo elegir a un partido para el matrimonio?   15
Para mis hermanos solteros   19
Problemas con el noviazgo   23
Una pregunta importantísima antes del matrimonio   27
La rosa antes de florecer y el don de la sexualidad   29
Lo que las solteras deben buscar en un marido   30
Lo que los solteros deben buscar en una esposa   34
¿Es pecado casarse con los perdidos?   37
¿Casados sin el gobierno?   42
Pensando en las bodas   46

Capítulo 2, Artículos generales sobre el matrimonio   49
El matrimonio, ¿Contrato entre dos? O, ¿Pacto con tres?   51
¿A quiénes une Dios?   53
¡Cristianos que no toman en serio sus votos matrimoniales!   55
Contrato matrimonial para los ya casados   57
Expectativas poco realistas en el matrimonio   60
Solapadores en el hogar   64
Criticones en el matrimonio   68
El banco del amor   72
Seis pasos hacia la destrucción del matrimonio   76
Pasos para librarse de la desintegración matrimonial   78
La cortesía en el hogar   79
¡Dios hizo al hombre y la mujer diferentes!   82
Problemas con el dinero   86
Problemas con los suegros   88
Problemas sexuales en el matrimonio   90
¿Cómo enseñar acerca del sexo?   94
El control natal   97
Substituyendo hijos, padres y maridos por cónyuges   99

Capítulo 3, Especialmente para el marido — 101
- Maridos, no sean ásperos con sus esposas — 103
- El machismo — 106
- Errores comunes de maridos cristianos — 111
- Necesidades de las esposas — 120

Capítulo 4, Especialmente para la esposa — 123
- "Un espíritu manso y apacible" — 124
- Necesidades de los maridos — 129
- Responsabilidades de la esposa — 132
- Responsabilidades de la esposa — 134
- Responsabilidades de la esposa — 137
- Responsabilidades de la esposa — 140
- Responsabilidades de la esposa — 143
- El poder del amor — 146

Capítulo 5, La Crianza de Hijos — 149
- ¡El caimán tiene a su hijo! — 150
- ¡Manda el chihuahua! — 154
- Cuatro clases de padres — 156
- El tiempo cuesta dinero — 157
- Las cinco necesidades más grandes de los hijos — 158
- Hijos exitosos — 161
- ¿Debemos alabar a los niños y jóvenes? — 164
- El enseñar la Biblia a los niños — 168
- La batería tiene que tener dos terminales — 174
- La vara de disciplina — 176
- Cómo promover el mal comportamiento en los hijos — 183
- Padres, no exasperéis a sus hijos — 185
- La importancia de la palabra "no" — 188
- Sabiduría para los padres que viene de los malos ejemplos — 192
- Conflictos en cuanto a la crianza de hijos — 196
- Los diferentes papeles de los padres — 198
- La importancia de enseñar a nuestros hijos a esperar — 202
- La importancia de enseñar la importancia del trabajo — 204

Crea un concepto de maravilla en sus hijos	208
¿Cómo criar a hijos generosos y desinteresados?	211
¿Cómo enseñar la modestia a nuestras hijas jóvenes?	215
Enseñando a los jóvenes varones a respetar a las mujeres	219
¿Estamos secularizando a nuestros hijos?	223
Las madres que crían a hijos sin padres	226
Enseñando a nuestros hijos acerca del sexo	230
¡Proteja a sus hijos de un gran peligro!	233
Proteja a sus hijos de la adicción a los juegos de video	239
Hijos masculinos, hijas femeninas?	243
"Mami, tengo un novio" o, "Papi, tengo una novia"	247
Cuando los hijos se rebelan	251

Capítulo 6, Responsabilidades de Hijos — 257

Obedecer a los padres (Efesios 6:1)	259
Honrar a los padres	262
Amarles y proveer para ellos cuando son ancianos	265
Quejándose de los padres	268

Introducción y agradecimiento

¡El hogar está bajo ataque! Al alejarse la cultura occidental cada vez más de Dios, se aumenta el egoísmo junto con sus compañeros: el divorcio, los niños y jóvenes sin esperanza ni propósito, la desesperación, la drogadicción, el abuso sexual y aun el suicidio.

Hace varios años decidí poner un artículo acerca del hogar cristiano en cada edición de un boletín que publicamos titulado, *Creced*. Estos artículos forman el material de este libro. Los hemos organizado y puestos en categorías esperando que así sean útiles. Hay un poco de repetición, pero espero que no sea demasiado.

Doy las gracias a los que me han ayudado con el proyecto. Hace años que la iglesia de Cristo de Embry Hills en Atlanta, Georgia me ha ayudado con los gastos para el boletín, *Creced*. Varios me han ayudado con las correcciones ya que el castellano no es mi lengua materna. Pienso particularmente en Teresa Lora, Esther Rodríguez de Eubanks y Maria Letona de Falk. Ahora, Marisol Houchen me está ayudando con artículos y también ha dedicado mucho tiempo para ayudarme con este libro. Gracias a Nestor Bermudez por su consejo y sus correcciones.

Espero que estos artículos nos ayuden a enfocarnos mejor en principios bíblicos al formar y alimentar espiritualmente nuestros hogar.

Capítulo 1, Preparación

¿Cómo elegir a un partido para el matrimonio?

Si usted tuviera que elegir una casa para vivir en ella el resto de la vida, tendría mucho cuidado al hacerlo. No se preocuparía tanto por las apariencias cosméticas del exterior, sino por la integridad estructural, la tranquilidad del barrio, la adaptabilidad y la comodidad. Por supuesto, buscaría consejo de alguien que tuviera más experiencia y conocimiento que usted.

El elegir a un compañero matrimonial es más significante que el buscar una casa para el resto de la vida. No solamente es una decisión que afectará nuestra alegría en la vida, sino también será un factor principal para determinar nuestro destino eterno y el de nuestros hijos y nietos. ¡Qué responsabilidad más seria!

En muchas culturas la elección de un compañero matrimonial no pertenece a los jóvenes sino a los padres. Abraham envió a un criado para buscar a una esposa para su hijo (Génesis 24). Muchas veces los matrimonios arreglados por los padres duran más tiempo que los arreglados por los novios porque los padres tienden a buscar a compañeros para sus hijos que sean del mismo fondo religioso, económico, social y cultural. Por más que los partidos del matrimonio compartan estas cualidades, más probable es que tengan un matrimonio exitoso. Los sabios toman en cuenta estos puntos.

El desafío más grande al elegir a un partido para el matrimonio es dar prioridad a los estándares de Dios y no a los del mundo. Al evaluar una señorita a un hombre para ser su marido, no debe de mirar "a su parecer, ni a lo grande de su estatura" porque Jehová no mira lo que mira el hombre; pues el hombre mira lo que está delante de sus ojos, pero Jehová mira el corazón" (1 Samuel 16:7). Al buscar a una esposa, un hombre no debe escoger a una cuya hermosura es "el externo de peinados ostentosos, de adornos de oro o de vestidos lujosos, sino el interno, el del corazón, en el incorruptible ornato de un espíritu afable y apacible, que es de grande estima delante de Dios" (1 Pedro 3:3, 4). ¡El buen carácter es el requisito absolutamente indispensable! Un sabio no va a salir con nadie ni considerar en ninguna forma romántica al que carácter es cuestionado o quién no tenga derecho para casarse.

En contraste, el mundo valoriza sobre todo la apariencia externa y la atracción sexual. En demasiados casos se confunde la atracción sexual con el amor y ésa domina la relación desde el principio, sea cometido o no la fornicación. Una vez que los partidos llegan a embriagarse con la atracción física, todo lo demás les parece tener poca importancia: el carácter, la religión, la responsabilidad económica, la edad, la aprobación familiar, etc. Este tipo de "amor" es de veras ciego.

Es triste ver a jóvenes cristianos que quieren tener buenos partidos para el matrimonio, sin embargo, no consideran seriamente a algunos cristianos fieles porque la apariencia externa de ellos quizás no sea lo ideal ("10 puntos") conforme a los estándares del mundo. Cuando dos individuos son compatibles en todas las otras áreas, la atracción sexual se resolverá a sí misma. Por otro lado, los matrimonios basados solamente en la atracción sexual siempre son frágiles. Por ejemplo, considere los de los artistas del cine y otras celebridades.

Un cristiano que "busca primero el reino de Dios y su justicia" va a querer casarse con un compañero que comparta sus valores espirituales, sus metas para la vida y sus esperanzas. Ella va a buscar a un marido que le ame "como Cristo amó a la iglesia" y él va a buscar a una esposa que se sujete a él "como al Señor," mientras él le guía en la santidad del Señor (Efesios 5:22-33). Los dos van a buscar a un compañero que sea una influencia saludable para los hijos y los nietos. Y, ¿dónde se encuentra este tipo de compañero? ¡No en las cantinas, los clubes nocturnos o los bailes! Casi nunca lo va a encontrar en el trabajo o en la escuela pública. Los partidos espirituales se encuentran en las reuniones de los santos dondequiera que estén.

¿Qué va a atraer a un partido responsable y espiritual a uno? No serán las minifaldas, los pantalones apretados, ni ninguna indicación de hábitos sueltos o seductivos. Quizás estas tácticas atraigan a alguien, pero será un tipo irresponsable y no espiritual. Los cristianos se disgustan con estos métodos.

En vez de apurarse para casarse, es importante que una pareja cristiana desarrolle una buena relación social y espiritual hasta que puedan estudiar la Biblia juntos acomodadamente, orar juntos, visitar a reuniones de los santos juntos y visitar a los enfermos y necesitados, así aprendiendo a gozarse del compañerismo y la amistad. Pueden divertirse juntos con varias actividades sanas como amigos. Todo esto llevará a la pareja hacia el matrimonio, el cual es, en cierto sentido, dos amigos que viven juntos, trabajan juntos, se divierten juntos y más allá de todo, sirven a Dios juntos. Así llegan a ser "una sola carne" (Mateo 19:5) y "coherederas de la gracia de la vida" (1 Pedro 3:7). Durante todo el proceso tienen que "orar sin cesar" (1 Tes. 5:17).

(Por Sewell Hall, de "Creced" 12/2008)

Una carta abierta...

Para mis hermanos solteros

Si usted es soltero, es probable que busque o piense buscar a un compañero/a para la vida. Es una etapa muy crítica en su vida porque el compañero que elige puede llevarle o lo más cerca que puede llegar en este mundo al cielo, o lo más cerca del infierno. Todo depende de quién elige.

También es un tiempo crítico porque ciertas tentaciones quizás sean más fuertes ahora que nunca. Dios nos ha creado con deseos sexuales pero el acto sexual es solamente para los casados.

Durante este tiempo de alegría y de independencia pero también de peligro espiritual, conviene pensar en algunos principios bíblicos que siempre han ayudado a jóvenes y solteros cristianos a través de los siglos:

(1) "Orad sin cesar." (1 Tes. 5:17) Cuando yo tenía unos doce años un cristiano maduro me aconsejó que orara todas las noches que Dios me ayudara a encontrar una buena compañera cristiana para la vida. Desde aquel tiempo comencé este hábito y Dios me ayudó con la influencia de su palabra a encontrar a una compañera cristiana que amo mucho. Ahora, le doy el mismo consejo a usted. Cada día pida a Dios que le ayude a encontrar a un buen compañero cristiano.

(2) Busque a su compañero. (Eclesiastés 9:10) (¡Pero hágalo con tacto!) He conocido a algunos hermanos solteros (y hermanas) que se quejan que no hay partidos dignos para el matrimonio en la hermandad. Sin embargo, no visitan otras iglesias, no escriben cartas, no viajan ni hacen nada. Es como si pensaran que su cónyuge apareciera por la magia. Me cuesta simpatizar mucho con tales solteros perezosos. ¡Hay que buscar! A continuación le doy algunas ideas:

- **Visite muchas iglesias.** No solamente así puede animar a los hermanos, ¡sino también puede encontrar a su esposa o a su marido! Siempre pregunte por iglesias donde van a haber series especiales de estudios bíblicos. Si tiene que viajar lejos, aun a otros países, vale la pena y el dinero.

- **Pregunte a hermanos y a predicadores que viajan mucho** si saben de algunos cristianos de su edad en otras partes que quizás sean buenos partidos para el matrimonio. Yo he tratado de ayudar a varios jóvenes cristianos solteros y casi todo evangelista que conozco está dispuesto a ayudar con sugerencias.

- **Escriba cartas.** Si no puede viajar a dónde hay partidos interesados, escríbales. Si le gusta el Facebook u otros servicios sociales en el Internet, llegue a conocer a hermanos así, pero por supuesto, tenga cuidado con las tentaciones que están en el Internet.

Aunque debe buscar con vigor, no se olvide del tacto. No sea como el joven que anunció a una hermanita bonita, "Yo estoy buscando esposa, y ahora voy a probarte a ti para ver si cualificas." No hable inmediatamente del matrimonio sino llegue a conocer al individuo primero.

(3) ¡No se apure! Aunque debe buscar a su compañero con mucha fuerza, al encontrar un partido, no se apure. Va a vivir con su cónyuge toda la vida porque el divorcio no es una opción para el cristiano (Mateo 19:9). Por tanto es preciso que tome mucho tiempo para asegurarse de que su partido sea responsable y ame mucho a Dios antes de considerar el matrimonio. Es mejor ser soltero para toda la vida, que casarse con alguien que no ama mucho a Dios ni le ayuda en su vida cristiana.

De ningún modo debe llegar a tener una relación seria con alguien que no sea cristiano. He conocido a muchos jóvenes que llegaron a tener relaciones demasiado serias con inconversos y luego se casaron con ellos aunque no fue su intención al principio hacerlo. Dejaron que sus emociones vencieran su juicio. Luego muchos de ellos sufrieron los problemas espirituales que muchas veces acompañan el matrimonio con alguien del mundo. Si un joven no tiene nada de interés espiritual, no salga con él. Si parece tener interés espiritual, enséñele. Pero si después de oír la enseñanza no quiere obedecer, déjelo.

Tengan cuidado con las caricias. Recuerde que los besos apasionados y otras prácticas comunes de los novios mundanos no son para los cristianos solteros (Mateo 5:28-30).

(4) No busque la perfección. El otro extremo del que se apura en buscar una esposa es el perfeccionista. Si una hermana no es "de 10 puntos" en apariencia y en todo, el perfeccionista no quiere considerarla. Si usted no es perfecto, no debe buscar la perfección.

Lo fundamental es que un partido de matrimonio sea un fuerte cristiano. Si ama mucho a Dios, ama a sus hermanos y es maduro y responsable, no se preocupe tanto si no cocina muy bien o si no canta muy bien.

(5) No se rinda. Sé que algunos solteros que llegan a tener sus 35 años en adelante se desaniman mucho. Recuerdo las preocupaciones de mi querido hermano Tom Holley al trabajar conmigo en Argentina cuando tenía más de 30 años y sin posibilidades visibles del matrimonio. Me dijo, "No quiero ser abuelo para mis hijos." Sin embargo, Dios le ayudó a Tom a encontrar a su buena esposa, Verónica. Conozco a otros que han encontrado sus cónyuges al tener 40, 50 y aun 60 años.

(6) Hay ventajas en ser soltero si así tiene que ser. Es posible que por una razón u otra usted no encuentre cónyuge para su vida. Sí así parece ser el caso, no se desanime. Recuerde que su vida puede ser muy feliz y significativa como soltero. El apóstol Pablo mencionó algunas ventajas de ser soltero en 1 Corintios 7, mayormente el hecho que así uno puede dedicar todo su tiempo al servicio de sus hermanos y Dios. Muchos hermanos solteros han sido columnas en las iglesias en varias partes del mundo. Una cosa es segura: Si usted dedica su vida a Cristo, después de cinco segundos en el cielo, no importará tanto su usted se casó o no.

Conclusión

"*Sabemos que a los que aman a Dios, todas las cosas les ayudan a bien*" (Romanos 8:28). Confíe en esta promesa y siga los principios bíblicos. Que Dios le fortalezca.

(*De "Creced" 2/1992*)

Problemas con el noviazgo

Recibí las siguientes preguntas de un joven cristiano

Hago estas preguntas porque estos casos se han dado en algunas ocasiones y hasta he sido testigo de ello y he visto que muchos se desaniman, tanto así que hasta llegan al extremo de dejar de asistir a los cultos y actividades espirituales como si eso fuera el fin de su vida.

1. ¿Cuál debe o puede ser la edad ideal al buscar partido de noviazgo?

Respuesta - Por supuesto la Biblia no da una respuesta definida, pero se puede aplicar algunos principios bíblicos al asunto.

- **2 Timoteo 2:22** – *"Huye de las pasiones juveniles."* Entre las pasiones juveniles, se encuentra la atracción sexual la cual debe ser controlada y dominada durante la juventud ya que no tiene expresión legítima antes del matrimonio (Heb. 13:2). El sexo antes del matrimonio es el pecado de fornicación y el joven cristiano debe evitar cualquier acción que le lleve hacia este pecado sean miradas, toques, conversaciones indiscretas, etc. (Mateo 5:28).

A través de los años, he observado que por más tiernos que sean los jóvenes al entrar en noviazgos, más susceptibles quedan frente a este pecado. Me da pena ver a padres que animan a sus hijos a tener novios cuando éstos tienen apenas 12, 13 o 14 años, riéndose como si estos noviazgos infantiles fueran graciosos. Así sus hijos llegan a estar demasiado cómodos con miembros del sexo opuesto a una edad muy tierna y comienzan los toques y acaricias que siempre preceden el desastre. Es mejor que los preadolescentes y aun los adolescentes sean algo tímidos frente a los del sexo opuesto. Esta timidez (quizás mejor decir, respeto) les puede proteger frente a las pasiones fuertes de la juventud.

Implica también que los jóvenes van a evitar noviazgos con gente del mundo que no comparten nuestra ética en cuanto a las relaciones entre jóvenes del sexo opuesto. Ser novio con alguien del mundo muchas veces produce el desastre espiritual.

- **Contar los gastos de la torre** (Lucas 14:28) - El matrimonio, la única relación donde las relaciones sexuales son buenas y sanas, requiere madurez y preparación. El noviazgo es un gran paso hacia el matrimonio. Por tanto, los dos partidos en un noviazgo tienen que ser bastante maduros para contemplar el dejar a sus padres (dejar de depender de ellos) emocionalmente y económicamente (Gen. 2:24). El varón debe estar ya casi preparado para poder proveer para su familia. El y su novia tienen que ya haber dejado el egoísmo y la ingenuidad de la adolescencia, llegando a pensar y portarse como adultos. Los dos, entonces, antes de entrar en un noviazgo deben tener la madurez para pensar sobriamente en lo que están haciendo. Por más años y más madurez que tengan, mejor pueden contar los gastos ya que el próximo paso es el del compromiso para el matrimonio.

Al pensar en estos principios, mi opinión (¡no es ley de Dios!) es que la mayor parte de los jóvenes no deben entrar en noviazgos hasta tener al menos 18 años y hay ventajas en esperar aún más. Antes de esta edad, que aprendan a hablar y relacionarse con miembros del sexo opuesto pero eviten las relaciones de mucha confianza con uno solo (o, con una sola.)

2. Un joven al sufrir un engaño o traición emocional o sentimental de parte de su pareja o partido de noviazgo ¿Qué hacer ante esta situación? O ¿Cómo enfrentarlo? Cuando lo sufre de parte de un hermano o hermana de su congregación o de la hermandad ¿Qué hacer al respecto?

Respuesta - Es otra razón para esperar con respecto a formar noviazgos. Cuando éstos se forman caprichosamente a una edad tierna, muchas veces se rompen, dejando sus cicatrices emocionales. Pero la realidad es que muchas veces los noviazgos se rompen y aun se puede decir que deben de romperse si una parte se da cuenta que el otro no le va a ayudar a llegar al cielo. ¿Qué hacer en tales casos? Otra vez, hay principios bíblicos que pueden ayudarnos.

• **La "regla de oro" (Mateo 7:12)** - Si el cristiano decide que ya no puede seguir en una relación romántica, debe tratar a la otra parte como quisiera ser tratado, con amor fraternal, diplomacia y tacto. Al romper la relación debe evitar a todo costo los insultos, las críticas, las quejas, etc. Puede aceptar la responsabilidad por la ruptura en el noviazgo diciendo algo como: "Todavía no estoy bastante maduro para seguir con este noviazgo." "Tengo que acercarme más a Dios antes de tener una relación de este tipo," etc. Jamás debe usar la situación para criticar al otro, "tú eres demasiado inmaduro," "demasiado pegado a tu mami," etc. De ningún modo debe tratar de provocar celos con el novio (o la novia) anterior al salir con otra/o. Si uno ha demostrado no estar listo para un noviazgo, es probable que no esté listo para entrar rápidamente en otro.

- **El amor fraternal (1 Corintios 13:4-7)** - Si los novios son cristianos, van a seguir siendo hermanos y amigos aunque la relación romántica haya terminado. Aunque puede ser una situación delicada, los dos deben de esforzarse a mantener la cortesía el uno con el otro, saludándose mutuamente. Por más amor, tacto y compasión que se demuestre al romper un noviazgo, más esperanza hay de mantener una amistad fraternal como Dios manda. Aunque conviene quizás que los dos traten de evitar mucho contacto por un tiempo (Por ejemplo, si son miembros de la misma congregación quizás sea natural que tomen sus asientos en otras partes del local), cuando se vean deben ser corteses y amables.

Conclusión - La juventud es una etapa de mucha felicidad, alegría y buenos recuerdos. Pero también es un tiempo peligroso, especialmente con respecto a las relaciones entre los sexos, porque los errores cometidos en la juventud pueden afectar a uno el resto de su vida. Oremos siempre por los jóvenes, siempre dándoles consejos de la palabra de Dios. Que los jóvenes oren mucho también, escuchando los consejos de Dios y de sus mayores.

Una pregunta importantísima antes del matrimonio

Un joven cristiano se mudó a otro pueblo y comenzó a reunirse con una congregación fiel allí. Notó que había una joven muy bonita en la congregación que buscaba seriamente las cosas de Dios, pero alguien le dijo que ella ya estaba comprometida para casarse con otro. Por tanto el joven, aunque algo atraído a ella, decidió no perseguir un romance, sino observó la situación discretamente desde la distancia.

A través de unas semanas el joven espiritual notó que el novio de la hermana, aunque bautizado en Cristo, no demostraba mucho interés en las cosas de Dios. No prestaba mucha atención durante los estudios bíblicos y hablaba mucho del fútbol y del dinero y casi nada de la Biblia o de asuntos espirituales.

Pocas semanas antes de la fecha de la boda, el joven pidió a la hermana comprometida que hablara con él un par de minutos después de la reunión de la iglesia. Esta aceptó y el joven le dijo a ella,

> He observado como usted está dedicada completamente a Dios y aprecio mucho este énfasis en su vida. No quiero entrometerme en algo muy personal, pero solamente quiero hacerle una pregunta, Después de formar su familia, ¿Usted piensa que su novio va a leer la Biblia con sus hijos?

La joven le miró sin decir nada porque se sintió impactada por la pregunta. Después de un minuto de silencio incómodo, ella le dio las gracias por haber hablado con ella y se fue.

Pocos días después, el joven oyó que ella había cancelado la boda. Después de unos pocos días más la joven le pidió a él que hablara con ella después de la reunión y le dijo, "fue por su pregunta que rompí el noviazgo."

¡Pero no es el fin de la historia! Los dos jóvenes comenzaron a hablar más, orando a Dios juntos y estudiando su palabra. Se enamoraron y dentro de un par de años se casaron. Ahora tienen una bella familia y son una gran bendición a todos los que les conocen en la congregación y en su barrio. Y sí, ¡Él lee la Biblia a sus hijos!

Aplicación

Cristiano joven - Antes de casarse con alguien, pregúntese,

- "¿Mi novio (o mi novia) va a leer la Biblia con mis hijos?" Si esta pregunta provoca dudas, ¡Rompa el noviazgo! Su cónyuge tiene que ayudarle a criar a sus hijos en "disciplina y amonestación del Señor" (Efesios 6:4) y si le cuesta imaginar a su novio haciéndolo, ¡déjelo!

- * Si usted quiere tener un esposo (o una esposa) espiritual, ¡sea usted espiritual! Busque las cosas de Dios con entusiasmo y fervor.

(de "Creced" 12/2011)

La rosa antes de florecer y el don de la sexualidad

Una rosa es hermosa, pero hay que esperar que florezca para gozarse de su belleza. Si uno tiene una rosa que todavía no ha florecido y decide forzarla a abrirse prematuramente, sus pétalos van a caer y aunque éstos sean algo bonitos por sí mismos, nunca alcanzarán su plena hermosura sin florecer.

Así es el don de sexualidad que Dios ha dado al hombre. Si se espera gozarse de el en el verdadero amor comprometido del matrimonio, es una cosa hermosa que liga a la pareja y hace más fuerte los lazos entre ellos. Pero si se adelanta el acto sexual antes de su tiempo (el matrimonio), jamás llegará a tener su plena hermosura. Aunque Dios perdone a los que sinceramente se arrepienten, algo siempre se pierde cuando se fuerza la rosa a abrirse antes de su tiempo.

(Ilustración de Melvin Curry)

Lo que las solteras deben buscar en un marido

Una lista de preguntas que cada soltera cristiana debe revisar al pensar en algún partido para el matrimonio.

Para leer antes de analizar la lista.

A veces las jóvenes hacen listas de cualidades que quieren encontrar al buscar un compañero para la vida. Muchas veces las listas son superficiales y contienen cualidades como "rico," "bien parecido," etc.

La siguiente lista contiene cualidades espirituales que una joven cristiana debe buscar en un compañero para toda la vida. (En el próximo artículo habrá una lista para los varones cristianos al buscar ellos una esposa.)

Aunque un partido no tenga todas estas cualidades al nivel de "10 puntos" (no existe tal cosa como un partido "perfecto"), debe tener una buena medida de todas.

La lista

Conteste honestamente. ¿El partido tiene las siguientes cualidades?

Sí No (1) ¿Ama a Dios de todo corazón? (¿Es cristiano fiel?) (Mateo 22:37) Si no es cristiano fiel, ¿cómo le va a ayudar a llegar al cielo? ¿Cómo puede ser un buen ejemplo para sus hijos?

Sí No (2) ¿Le gusta orar? (1 Tes. 5:17) ¿La oración es importante para él? ¿Ora con usted?

Sí No (3) ¿Le trata con sumo respeto? (1 Pedro 3:7) ¿Es cortés con sus palabras y acciones? ¿Le abre la puerta para usted? Si no le trata con respeto ahora, ¡será peor después de las bodas!

Sí No (4) ¿Procura más su felicidad que la de él? (Ef. 5:25) ¿Está dispuesto a sacrificar algo que él quiere para agradarle a usted? ¿Le gusta darle regalos y hacerle feliz en otras formas?

Sí No (5) ¿Es egoísta? (Ef. 5:28) ¿Siempre habla de sí mismo? ¿Es vanidoso? ¿Siempre está mirando su parecer en el espejo?

Sí No (6) ¿Es consentido por sus padres? (Prov. 13:24) ¿Sus padres exigieron que trabajara como niño o joven? o, ¿le regalaron demasiadas cosas? ¿Le frenaron? o, ¿le dejaron echar rabietas sin castigo?

Sí No (7) ¿Le gusta trabajar y puede proveer para el hogar? (1 Tim. 5:8). ¿Es haragán? ¿Tiene un trabajo estable? o, ¿cambia trabajo cada rato? ¿Está dispuesto a educarse para poder proveer bien para su familia?

Sí No (8) ¿Domina bien su ira y enojo? (1 Pedro. 3:7) ¿Tiene un genio fuerte? ¿Grita mucho cuando no recibe lo que quiere?

Sí No (9) ¿Le alaba mucho? (Cantares de Salomón) ¿Le dice que es buena y bonita? o, ¿Le insulta con palabras e indirectas?

Sí No (10) ¿Trata a sus padres y a otros con respeto? Si los trata con respeto es probable que así le trate a usted.

Sí No (11) ¿Será un buen padre? (Ef. 6:3) ¿Le gusta estar con los niños? ¿Cumplirá con sus responsabilidades paternales? o, ¿exigirá que usted lo haga todo con los niños? (la disciplina, la enseñanza, etc.)

Sí No (12) ¿Es machista? (Gal. 3:28) ¿Actúa como si pensara que el hombre fuera "superior" a la mujer?

Deje el partido inmediatamente si...

A. Le pega o le golpea. Significa que tiene fuertes problemas emocionales los cuales se empeorarán después del matrimonio. ¡No aguante el abuso físico! Deje al partido inmediatamente.

B. Le insulta. Significa machismo y egoísmo. Si así le trata antes de casarse con él, ¡será mil veces peor después del matrimonio!

C. Se burla de las cosas de Dios. Si así es, será veneno para su vida espiritual. ¡Déjele inmediatamente!

D. Si ha sido casado antes y no ha tenido un divorcio bíblico. Si usted se casa con alguien que no ha divorciado bíblicamente a su cónyuge, comete adulterio (Mateo 5:32).

E. Es celoso. Los celos irracionales indican un egoísmo y fuertes problemas emocionales. Su vida llegará al borde del infierno si se casa con él.

Piense usted en lo que revela la lista

No piense poder "reformar" al partido después del matrimonio. En casi 100% de los casos que he conocido, si un hombre tiene malas cualidades antes del matrimonio, éstas se empeoran y no se mejoran después del mismo. No se engañe.

¡Cuántas señoritas he conocido que se han metido en matrimonios que les han traído miseria y condenación porque no tuvieron cuidado! Algunas se casan caprichosamente por tener miedo de quedarse solteras. Pero, ¡mejor es ser soltera toda la vida que el casarse con un joven que no le trate bien o no le ayude a llegar al cielo! ¡No sea desesperada! Si un joven no tiene una buena medida de todas las cualidades mencionadas aquí o si le ha insultado o abusado en cualquier forma, le suplico por el amor de Dios que no se case con Él. Así puede evitar una vida de dolor, tristeza y aun de condenación espiritual.

(*de "Creced" 6/1996*)

Lo que los solteros deben buscar en una esposa

Lista de preguntas que cada soltero cristiano debe hacer antes de casarse.

En el artículo anterior hicimos una lista de cualidades que las solteras deben tomar en cuenta al buscar un marido. Ahora presentamos una lista para los varones cristianos que buscan una esposa. Mucho de lo dicho en el último artículo acerca de las cualidades que una soltera debe buscar en un marido se aplica también a las esposas. Repetimos algunas de ellas y agregamos algunas más que tienen que ver mayormente con esposas.

Recuerde otra vez – Aunque una mujer no tenga 10 puntos en las buenas cualidades mencionadas (no hay tal cosa como mujer sin fallas), debe tener una buena medida de ellas y casi nada de las negativas. Si este cuestionario le da dudas en cuanto a algún partido que usted tenga en mente, mejor buscar a otra compañera porque es dudoso que cambie después del matrimonio. ¡Mejor es ser soltero el resto de la vida que el tener una compañera que no le ayude a llegar al cielo!

Conteste honestamente

¿La señorita con quién usted piensa casarse tiene las siguientes cualidades? Algunas son positivas y otras negativas.

Sí No 1. ¿Ama a Dios de todo corazón? (Mateo 22:37) ¿Le va a ayudar a llegar al cielo?

Sí No 2. ¿Le gusta orar? (1 Tes. 5:17)

Sí No 3. ¿Ella tiene más interés en ser "cuidadosa de su casa" que en tener una carrera? (Tito 2:5; 1 Timoteo 2:15) En esta edad del movimiento de la liberación femenina, algunas mujeres piensan alcanzar una vida significativa por medio de su carrera y no por servicio a la familia. Aunque quizás no sea pecado en sí que una mujer (especialmente una soltera) tenga un buen puesto, ¡su prioridad en la vida, según estos y otros textos, debe ser el servir a su familia!

Sí No 4. ¿Le gusta vestirse de ropa modesta? (1Timoteo 2:8,9) Un interés en ropa estrafalaria o reveladora revela una falta de madurez y una actitud superficial hacia las cosas de Dios.

Sí No 5. ¿Es hermosa en lo interior? ¿Es como Dorcas, abundando en buenas obras? (Hechos 9:36)

Sí No 6. ¿Está feliz con pocas cosas? o ¿le gusta tener lujos? ¿Tiene que tener ropa de "cierta marca?" ¿Tiene vergüenza de ropa "usada"? ¿Le gusta gastar sin haber necesidad? (1Tim. 6:6-10)

Sí No 7. ¿Le gusta trabajar? O, ¿es haragana? (Proverbios 31:10-31)

Sí No 8. ¿Será buena madre? ¿Le gusta estar con los niños y enseñarles la Biblia? (1 Tim. 2:15; 2 Tim.1:5)

Sí No 9. ¿Es consentida por sus padres? o, ¿es madura?

Sí No 10. ¿Es amorosa? ¿Le gusta servir a otros? o, ¿siempre quiere que otros le sirvan a ella? ¿Es prudente al hablar con otros? ¿Trata bien a otros aunque se encuentre disgustada? (Hechos 20:35)

¿Es pecado casarse con los perdidos?

Hace años atrás yo no quería decir que era pecado en sí casarse un cristiano con un inconverso debido a ciertas preguntas las cuales analizamos al final de este artículo. Por tanto decía, "no es pecado en sí, pero no es sabio." Por más que pienso en el asunto, más pienso que debemos decir claramente que es pecado casarse con algún perdido por las siguientes razones:

(1) No es amar a Dios de todo corazón y con toda el alma. ¿Cómo es posible amar a Dios de todo corazón y casarse con uno…

…que no va a ayudar a criar a los hijos en disciplina y amonestación del Señor (Ef. 6:2)?

…que no comparte lo más importante de la vida: la fe en Dios?

…que no puede comprender los anhelos más fervientes del cristiano?

… con quien no se puede hablar de problemas espirituales?

(2) Pablo afirmó tener derecho de tener "una hermana" como esposa (1 Cor. 9:5). No tenía derecho de tener "una incrédula." Entonces, ¿habría sido un pecado que Pablo se casara con una inconversa, pero aceptable que lo hagamos hoy? Pablo dijo, "Sed imitadores de mí, así como yo de Cristo" (1 Cor. 11:1). Aquí hay autoridad que los solteros se casen con otros cristianos. ¿Dónde está la autoridad para casarse con algún perdido?

(3) Las viudas tienen derecho de casarse con quién quiera, "con tal que sea en el Señor" (1 Cor. 7:39). Aunque hay disputa acerca de qué está involucrado en esta frase, "en el Señor," creo que el sentido más sencillo de la frase implica el casarse tomando en cuenta primero al Señor y en turno esto implica el casarse con un cristiano. Al casarse una mujer cristiana del primer siglo con algún pagano, ¿se habría ella casado "en el Señor?"

La enseñanza de 2da Corintios 6:14-18, "no os unáis al yugo desigual con los incrédulos" no se refiere específicamente al matrimonio por dos razones:

(a) Si tratara específicamente del matrimonio, uno tendría que violar 1 Corintios 7:12,13 y abandonar a su esposa incrédula según versículo 17 que dice "salid de en medio de ellos."

(b) También, si alguien llegara a ser cristiano y su cónyuge no lo hiciera, ¿se podría decir que tuviera comunión con Belial y con tinieblas al quedarse con su cónyuge inconverso como enseña 1 Corintios 7:12,13? Creo que no.

2da Corintios 6:14-18 tiene que ver con el compartir con la práctica de la idolatría y no tiene que ver, al menos en forma directa, con el matrimonio. Aun así, creo que los otros principios mencionados arriba indican que no es la voluntad de Dios que los santos se casen con los perdidos.

Objeciones

Hay algunas objeciones al concepto de llamar el matrimonio mixto pecado:

(1) "Si fuera pecado casarse con un inconverso, el arrepentimiento significaría el dejar el matrimonio. Pero Pablo dice en 1 Corintios 7:12,13 que los cristianos deben vivir con sus cónyuges inconversos."

Comentario - Este es el punto que más me detuvo en años pasados. Pero alguien me ha mostrado un principio que me ha ayudado a resolver el aparente conflicto. El principio es que aunque Dios no quiere que hagamos ciertos pactos, al hacerlos, Él quiere que los guardemos.

El ejemplo bíblico que mejor ilustra este punto es quizás el de Israel y los gabaonitas en Josué capítulo 9. Dios había dicho a los israelitas que no hicieran pactos con las naciones paganas (Éxodo 23:32). Sin embargo los gabaonitas engañaron a los israelitas al disfrazarse como nómadas de tierra muy lejana. Los Israelitas hicieron pacto con ellos, cosa que Dios no quería que hicieran. Aunque los israelitas pecaron al hacer el pacto, una vez hecho, Dios quería que cumplieran con él y aun les ayudó a defender el pacto en capítulo 10 de Josué.

Si podemos ver este principio en el caso de Israel y los gabaonitas, ¿por qué no lo podemos ver en cuanto al matrimonio? Hoy Dios no quiere que los israelitas espirituales hagan pactos matrimoniales con incrédulos. Pero una vez hechos, Dios quiere que los guarden (1 Corintios 7:12,13). Debemos recordar también que 1 Corintios 7:12,13 habla mayormente a los que se encuentren casados con inconversos y no con aquellos que están contemplando el matrimonio con ellos.

(2) No hay enseñanza directa que dice que es pecado casarse un santo con un mundano.

Comentario - Aunque no hay ningún texto que diga directamente "es pecado casarse con los perdidos," si hay principios bíblicos como los mencionados anteriormente que tratan del tema. Se podría decir lo mismo en cuanto a prácticas como el baile, el fumar, los juegos de azar, la marihuana, etc. No hay textos que condenan tales prácticas en forma directa. Sin embargo, hay principios claros que indican que Dios quiere que los santos eviten esas prácticas.

(3) "Conozco a muchos que se han casado con inconversos y luego han convertido a sus cónyuges inconversos. Si no se hubieran casado, nunca habría llegado a ser cristiano el inconverso. Por tanto es bueno casarse con inconversos."

Comentario - Es verdad que algunos logran convertir a sus cónyuges perdidos y este hecho da mucha alegría. Pero, también es verdad que muchos cónyuges inconversos nunca se convierten o se convierten muchos años después de haber criado a sus hijos en un hogar dividido. Aunque algunos casos resultan bien, muchos resultan mal y hay división en el hogar, hijos que se crían con dos conceptos acerca de lo que significa la vida, la falta de apoyo espiritual y todos los problemas que acompañan los matrimonios mixtos. Al fin y al cabo es un gran riesgo.

¡No debemos casarnos con los inconversos para convertirles! En vez de casarnos con ellos, debemos enseñarles el evangelio para ver si lo obedecen. Si obedecen el evangelio, se debe esperar un tiempo más para estar seguro que su fe es genuina antes de contemplar el matrimonio con ellos.

Conclusión

Estoy convencido que Dios no quiere que sus servidores se casen con los que se nieguen a obedecerle. Por tanto, hasta que alguien me convenza de que estoy equivocado, voy a llamar el acto de casarse con un inconverso lo que creo que es—pecado.

(*de Creced 12/1999*)

¿Casados sin el gobierno?

¿Un hombre y una mujer pueden ser casados delante de Dios sin registrar su relación con el gobierno? Creo que la respuesta correcta es: en teoría, sí; en práctica moderna, no.

Un pacto bien visto entre Dios y los hombres

Según mi comprensión de las escrituras el matrimonio tiene que incluir un pacto solemne delante de Dios y de los hombres.

(1) El pacto solemne delante de Dios - Las palabras de Dios en Génesis 2:24, "se unirá a su mujer" implican algo mucho más allá de la unión del cuerpo. La palabra "unirse" en este texto significa "adherir con mucha fuerza como si fuera con pegamento" (Gesenius). Se ha dicho que la palabra "soldar" sería una buena traducción de la palabra. El hombre y su mujer son "soldados" juntos con una obligación moral y espiritual, o sea, con un pacto, el cual no se debe jamás romper (Mateo 19:9).

Malaquías 2:14 condena al varón judío por ser desleal para con la mujer "de tu pacto." Si no hay pacto solemne, no hay matrimonio. Los pactos solemnes se forman en bodas. Por tanto, cualquier relación física entre una pareja sin pacto es fornicación.

(2) El pacto solemne delante de los hombres - El hacer un pacto bien visto delante de los hombres significa el cumplir con los requisitos culturales. Jesús apoyó este principio al asistir una boda en Cana (Jn. 2) y al usar las bodas para ilustrar Su última venida (Mateo 25:1-13). En el Antiguo Testamento leemos varias historias que relatan las costumbres de los judíos en cuanto a las bodas (Jueces 15:1; Salmos 45:14,15; Gen. 34:12; etc.) Los judíos no se consideraban ser casados hasta que hubieran cumplido con las cortapisas culturales de su día, o sea, hasta que hubiera habido una boda. El pacto matrimonial fue algo hecho para ser reconocido no solamente por Dios sino por todos los hombres.

Al cumplir con las costumbres de su cultura en cuanto al matrimonio, los cristianos procuran "hacer las cosas honradamente, no sólo delante del Señor sino también delante de los hombres" (2 Cor. 8:21). Aunque este texto no se refiere al matrimonio, la aplicación de él al matrimonio es legítima. Los que viven juntos sin cumplir con las formalidades culturales están negando hacer las cosas honradamente delante de los hombres y así pecan delante de Dios.

Es en este segundo punto que nos toca hablar del registrar el matrimonio con el gobierno. Entre los judíos en el tiempo de Jesús, "el pacto matrimonial era un contrato legal, el cual definió los derechos de los partidos involucrados" (*Zondervan Pictorial Encyclopedia*, Vol. 3, p. 96). Así es en casi todos los lugares sobre la faz del mundo. La gente de buenos morales no acepta una pareja como casada si no aceptan las obligaciones legales.

Ahora bien, si me pregunta acerca de una pareja que viva en un sitio aislado donde no hay gobierno, por supuesto, creo que ellos se pueden casar al hacer un pacto solemne delante de Dios y los otros individuos que sean de su lugar aislado. Adán y Eva fueron casados sin gobierno porque no existió gobierno en su tiempo. Dudo que Abraham y Sara, Isaac y Rebeca y otros de la edad patriarcal hubieran "registrado" sus matrimonios con el gobierno porque los gobiernos no ejercían mucho control entre los nómadas de ese tiempo. Por tanto, acepto que es posible que haya pacto de matrimonio sin el gobierno porque ¡El gobierno no casa a la gente! Por esta razón creo que en teoría puede existir un matrimonio sin el gobierno. Negar este punto es negar que Adán y Eva, Abraham y Sara, etc. fueran casados.

Pero nosotros no vivimos en la edad patriarcal ni tampoco en lugares aislados sin gobiernos. En todos los lugares civilizados, el cumplir con las formalidades de la cultura significa no solamente el tener un pacto delante de Dios, sino un pacto legal. Como en el tiempo de Jesús, si la gente moral de una cultura no acepta una pareja como casada al negar ellos cumplir con las obligaciones legales, tengo profundas dudas si Dios así los acepta como casados. Por esta razón creo que en práctica moderna, Dios no acepta un matrimonio que no sea registrado con el gobierno.

Resumen

Esta cuestión ya no debe ser un problema práctico. ¿Para qué quisiera un cristiano vivir con una mujer, sin registrar su pacto con el gobierno para hacer las cosas honradamente delante de todos los hombres? ¡Que se registren cuanto antes! Si uno de los dos partidos se niega a hacerlo es porque en verdad no quiere el compromiso y no existe pacto de ninguna clase. Seguir viviendo así es vivir en fornicación.

Aunque es verdad que el gobierno no casa a la gente y por tanto en teoría sería posible casarse legítimamente sin gobierno (Adán, Eva, Abraham, Sara), casi nadie vive en estas circunstancias hoy en día. Por tanto, hoy en día en nuestros países civilizados, el hacer un pacto aceptable no solamente delante de Dios sino delante de los hombres significa el registrar el pacto matrimonial con el gobierno.

Pensando en las bodas

¿Cuáles son algunos principios que los cristianos deben tener en mente al pensar en las bodas?

Las bodas bíblicas

Jesús hizo su primera señal milagrosa en una boda y habló mucho de las bodas en sus parábolas y otras lecciones (Mateo 22:1-14; 25:1-13; Lucas 14:8, Juan 2). Formaron una parte importante de la vida cultural de los judíos, y dejaron que el pueblo de Dios celebrara el pacto matrimonial, el cual Dios instituyó en la creación para servir como la base de la civilización (Génesis 2:24, Mateo 19:4,5,9). Hoy en día las bodas pueden servir para el mismo propósito.

¡La iglesia no casa a la gente!

Quizás el concepto erróneo que más se oye con respecto a las bodas es que "la iglesia casa a la pareja." Algunos dicen que si no se casan "en la iglesia" el matrimonio no vale. Es un concepto que viene de la iglesia tradicional, pero no es bíblico.

La Biblia no habla en ninguna parte de alguna ceremonia de "la iglesia" para casar a la gente. Es Dios quién une a una pareja en matrimonio y no una organización religiosa. Lo hace cuando el hombre y su prometida dejan padre y madre y se unen (literalmente se apegan fuertemente juntos) en matrimonio, con un pacto solemne reconocido en su cultura (Génesis 2:24; Malaquías 2:14). La Biblia no especifica dónde se deba hacer el pacto solemne y por tanto puede ser hecho frente a testigos dondequiera: en una casa, un salón, un parque, una oficina del registro civil, etc.

Por supuesto, si una pareja cristiana se casa, es natural que inviten a sus hermanos a ser testigos de su pacto y orar juntos con ellos. Pero aunque haya muchos miembros de la iglesia presentes, ¡la iglesia no casa a la pareja! Dios lo hace. Los chinos, japoneses, africanos y otros que hacen sus pactos matrimoniales en distintos lugares y con diferentes costumbres son tan casados delante de Dios, como los cristianos que hacen sus votos frente a hermanos.

Principios morales que no se deben descartar

Las bodas de los mundanos están llenas del desorden y la carnalidad. Los cristianos no deben dejarse tentar a meter elementos carnales en sus bodas, sino éstas deben ser puras y así verdaderamente bellas. ¡No se puede descartar los principios morales solamente por estar planeando una boda!

(1) El pudor - Lamentablemente, algunas cristianas se olvidan de los principios del pudor y la modestia en las bodas. La mayor parte de los trajes de novia son demasiado escotados para las cristianas puras y por tanto, deben tener mucho cuidado al escogerlos. También deben tener cuidado con costumbres como el "sacar la liga" de la novia para tirarla a las damas de honor. Los cristianos cuidadosos van a tener discreción con este tipo de costumbre.

(2) El peligro de las bebidas alcohólicas. Las bebidas alcohólicas modernas son muchas veces más fuertes que los vinos tomados por la gente culta en el tiempo de Jesús, los cuales no solamente eran más livianos, sino también fueron mezclados con agua. Personalmente no creo que los cristianos deban proveer las bebidas alcohólicas modernas para sus familiares mundanos. Al contrario, deben de decirles que aunque estén bienvenidos a las bodas, que no se les servirán bebidas alcohólicas. Si se quejan, ¡que se quejen!

(3) El peligro del baile moderno. La Biblia condena la lascivia, cuya definición incluye, "movimientos indecentes." Los santos de Dios no deben descartar su discreción en cuanto a este principio en las bodas. Los movimientos indecentes son indecentes en una boda tal como lo son en un club nocturno. Aunque quizás un "vals" tradicional entre el marido y su nueva esposa sea pecado en si (¡ya son casados!), no creo que se deba promover un baile para todo el mundo, especialmente entre los no casados, cuanto más se trata de los movimientos obviamente indecentes.

Que Dios ayude a los cristianos para que las bodas sean una afirmación del gozo que tenemos al ser testigos a un pacto matrimonial bien hecho y no una oportunidad para Satanás a entrometerse en los corazones de los que asisten.

(de "Creced" 8/2005)

Capítulo 2, Artículos generales sobre el matrimonio

El matrimonio, ¿Contrato entre dos? O, ¿Pacto con tres?

Muchos ven el matrimonio como un contrato entre dos individuos. Pero la Biblia nunca habla del matrimonio como un contrato entre dos, sino como un pacto espiritual hecho con tres: (1) el hombre, (2) la mujer y (3) Dios como Testigo.

Malaquías 2:14 dice, "el Señor ha sido testigo entre tú y la mujer de tu juventud, contra la cual has obrado deslealmente, aunque ella es tu compañera y la mujer de tu pacto" (*LBLA*). El matrimonio, por tanto, no es un contrato entre dos personas, sino un pacto, con Dios involucrado como Testigo.

Aplicaciones

(1) El casarse un cristiano con alguien que no siga a Dios - ¿Cómo es posible hacer un pacto espiritual con alguien que se ha negado a reconocer a Dios como Señor de su vida? ¿Hemos reconocido la seriedad de esta acción?

(2) El divorcio y las segundas nupcias - El hecho que una pareja rompa sus lazos matrimoniales no necesariamente hace nulo el pacto matrimonial porque hay un Tercero involucrado en el pacto, Dios. La cuestión no debe ser solamente, ¿qué pasó con los dos? sino, ¿qué dice el Tercero, Dios, de la situación? Aunque estén rotos los lazos matrimoniales, los involucrados no son libres de su obligación a Dios. Tienen que aceptar solamente los derechos que Él les conceda, conforme a su situación particular.

Recuerde, no tome en cuenta solamente a su cónyuge al pensar en su pacto matrimonial. Piense también en Dios como un Partícipe de él.

(idea tomada de un sermón por Brent Hunter)

Estudios en forma de bosquejo

¿A quiénes une Dios?

Mateo 19:6
Introducción: Dios originó el hogar y Él da las reglas del mismo.

I. Él une a los solteros, sin relaciones matrimoniales
   A. Al joven sin previo casamiento, Gen. 2:24
   B. A la joven sin previo casamiento, 1 Cor. 7:36
   (Nota: No necesariamente vírgenes, los errores que no se deben cometer, se cometen)

II. Él une a las viudas y a los viudos
   A. Pablo quiere que las viudas jóvenes se casen, 1 Tim. 5:14
   B. La viuda se puede casar, en el Señor, (1 Cor. 7:39)
   C. Dios es imparcial, la regla va para los hombres viudos.

III. Él une a los de la excepción (Mateo 19:9)
   A. "Por causa de fornicación," (Mateo 5:31-32)
   B. Fornicación de la OTRA parte
   C. Es una excepción, no una regla
   D. La excepción es triste, infidelidad
   E. Tenga cuidado de no causar la caída de su cónyuge, (Gal. 6:7)

IV. Él no une a los homosexuales
   A. Dios hizo una mujer al primer hombre, Gen. 2:18, 22

B. La homosexualidad vino por la degradación del hombre, Rom. 1:24-26-27

V. Él no une a quienes perdieron a su cónyuge por haber cometido fornicación, (Mateo 19:9)
   A. Nadie ha producido un texto donde Dios los autorice a volverse a casar
   B. ¿Respetamos el silencio de la Biblia?

VI. Él no une a los que fueron abandonados por el cónyuge inconverso, (1 Corintios. 7:12-15-16)

Conclusión
Prestemos atención a las reglas de Dios. Decidamos ser una pareja unida por Dios. Decidamos quedarnos casados de por vida.

(Por Valente Rodríguez)

Una tragedia que se ve más y más

Cristianos que no toman en serio sus votos matrimoniales

Es muy triste ver que los problemas matrimoniales están cada vez más extendidos entre los miembros de la iglesia de Cristo. Tal como en la edad mosaica, parece que algunos hermanos desean imitar las costumbres pecaminosas de los incrédulos, entre las cuales se encuentra el diabólico hábito de divorciarse por cualquier causa. Son como aquellos israelitas egoístas que dijeron a Samuel: "danos un rey ... a fin de que seamos como todas las naciones" (1 Sam. 8:5,20). Dios había dicho a los padres de aquellos judíos: "cuídate de no caer en una trampa imitándolas" (Dt. 12:30), pero de nada les sirvió aquella amonestación.

El Pacto Matrimonial

¡Cuán fácilmente algunos hermanos se olvidan de los votos matrimoniales! En el día de su boda, el predicador les preguntó algo así: "¿Quiere Ud. recibir a_____ como esposo(a), y promete serle fiel en las alegrías y en las penas, en la salud y en la enfermedad, y así, amarlo(la) y respetarlo(la) todos los días que Dios le dé vida?" Al pronunciar aquella palabrita "sí," delante de testigos, hicieron un pacto el uno con el otro—¡Y con Dios! Al hacer nuestros votos matrimoniales en inglés, prometemos serle fiel a nuestro cónyuge *"for better or for worse"* (para bien o para mal) *"until death do us part"* (hasta que la muerte nos separe).

El Problema Principal

La facilidad con la cual algunos hermanos se divorcian se debe a que tienen la misma meta que los mundanos: buscar uno su propia felicidad. Por contraste, la verdadera felicidad en el matrimonio se alcanza sólo cuando cada uno busca la felicidad del otro y sobre todo el bienestar espiritual de su pareja. ¡Este es el verdadero amor! Sin embargo, muchos hoy en día justifican una separación ilegítima afirmando que "¡Dios quiere que yo sea feliz!" El problema con esta forma de pensar es que Dios no nos ha llamado a ser "felices" sino a ser santos y a servir humildemente a los demás. El propósito de Dios no es darnos todo lo que es para nuestra felicidad en esta vida sino todo lo que nos pueda acercar a Él, lo cual incluye el sufrimiento o las pruebas. Él permite que ocurran estas cosas en nuestra vida para recordarnos que no debemos hacer nuestros tesoros en la tierra sino en el cielo (Mt. 6:19,20). De nuevo, la meta principal de la vida terrenal del cristiano fiel no es la felicidad sino la santidad, "sin la cual nadie verá al Señor" (Heb. 12:14).

(*Por Jerry Falk, de Creced 4/2010*)

Contrato matrimonial para los ya casados

Muchas veces cuando hablo con parejas que tienen problemas en su matrimonio, me doy cuenta de la importancia de hacer compromisos solemnes que se basan en la palabra de Dios. Por tanto, he elaborado este "contrato," basado en principios bíblicos, el cual señala promesas que cada parte en el matrimonio debe estar dispuesto a hacer para tener un matrimonio feliz.

Si quiere, lea las "provisiones" del contrato con su cónyuge y firme su parte. Entonces, ¡cumpla con su parte del contrato!

Para los dos

1. Prometo enfocarme en las buenas cualidades de mi cónyuge y no en sus defectos. Voy a evitar las críticas. *(el amor "todo lo sufre" [lo cubre] y "todo lo espera" 1 Cor. 13:7)*

2. Prometo no hablar de los defectos de mi cónyuge frente a otros, especialmente frente a miembros de mi familia. *(el amor "todo lo sufre" [lo cubre] 1 Cor. 13:7, Mateo 7:12)*

3. Prometo no escuchar críticas de mi cónyuge de parte de otros, especialmente de mis padres y hermanos. Voy a decirles que estoy bendecido tenerle, que es un don de Dios y que no quiero escuchar ninguna crítica acerca de él/ella. Si

mis familiares o amigos siguen criticándole, voy a dejar de verlos. *(Génesis 2:24, 1 Pedro 3:6,7)*

4. Prometo compartir todos mis bienes materiales con mi cónyuge. Todo lo mío, es de él/ella. *(Somos un solo cuerpo; Ef. 5:23)*

5. Prometo gastar lo que tenemos en forma responsable, no en lujos extravagantes. Buscaré el permiso de mi cónyuge antes de cualquier gran gasto de dinero. *(Ef. 5:23; 1 Tim. 6:10)*

6. Prometo orar por mi cónyuge e hijos todos los días y dar gracias a Dios por ellos. *(1 Tes. 5:17, 18)*

7. Prometo apoyar a mi cónyuge en la crianza de los hijos y nunca cuestionar su autoridad frente a ellos. Prometo nunca discutir nuestros problemas frente a los hijos. *(Efesios 6:2)*

8. Prometo no hablar jamás del divorcio con mi cónyuge (con la excepción de Mateo 19:9 en mente) porque es suicidio espiritual para mi familia y para mi propia persona. Si alguien está tratando de persuadirme a divorciarme, voy a reconocer que está hablando de parte de Satanás y no le voy a hacer caso. *(Mateo 5:32; Malaquías 2:16)*

9. Prometo jamás hablar de viejos novios, comparándolos a mi cónyuge, ni voy a tener comunicaciones con ellos en una forma que hace que mi cónyuge se sienta incómodo. Sé que Dios me ha dado un buen marido/esposa y voy a estar feliz con él. *(Lucas 9:62 ¡no mire atrás! Sant. 1:17)*

10. No voy a dejar que los pequeños problemas me molesten. Voy a aprender a decir frente a las pequeñas molestias, "no importa tanto." *(El amor "no se irrita" 1 Cor. 13:5)*

11. Prometo confesar mis errores humildemente cuando me equivoco, a Dios y a él/ella, si sabe de mi pecado. *(1 Jn 1:9)*

12. Prometo procurar la satisfacción de mi cónyuge más que la mía en las relaciones físicas. *(1 Corintios 7:3-5)*

Especialmente para el marido

1. Prometo amar a mi esposa como Cristo amó a la iglesia y como a mi propio cuerpo. *(Ef. 5:25, 29)*

2. Prometo tratar a mi esposa como yo quisiera ser tratado si fuera esposa. *(Mateo 7:12)*

3. Si mi esposa no tiene dinero para gastar en sus cosas, prometo darle a ella un subsidio de ___ cada semana (la cantidad será elegida entre nosotros dos) el cual ella puede gastar en lo que quiera. Yo no tendré voz ni voto en como lo gasta. *(Mateo 7:12)*

Especialmente para la esposa

1. Prometo estar sujeta a mi marido como la iglesia está sujeta a Cristo. *(Ef. 5:22. 23)*

2. Prometo tratar a mi marido como yo quisiera ser tratada si fuera marido. *(Mateo 7:12)*

3. Prometo estar contenta con los bienes materiales que Dios nos da. *(1 Timoteo 6:6-8; 1 Pedro 3:1-4)*

Firmas_____fecha_____
_____fecha_____

(De "Creced" 6/2003)

Expectativas poco realistas en el matrimonio

Muchos matrimonios sufren porque uno o las dos partes tienen expectativas poco realistas. Durante el noviazgo los dos imaginan que su matrimonio siempre va a ser una eterna luna de miel con flores y bombones. La realidad es que un matrimonio siempre se compone de dos individuos con diferentes virtudes y defectos. Si los dos son dadores y confían en Dios, pueden superar las diferencias y llegar a tener una relación que les lleve al borde del cielo. Pero si son egoístas, el matrimonio los va a llevar al borde del infierno.

¿Cuáles son algunas expectativas poco realistas que pueden causar problemas?

(1) "El matrimonio es para que mi compañero me haga feliz." Si es con esta actitud que una pareja entra en el matrimonio, va a haber fracaso. El cristiano debe tener el matrimonio como un arreglo que le ayude a dar (Hechos 20:35) y hacer su compañero feliz. Es el deber que Dios ha dado al varón (amar a la esposa como Cristo amó a la iglesia y como su propio cuerpo [Ef. 5:25, 28]) y a la esposa (Tito 2:4).

(2) "Jamás va a haber conflicto." El conflicto es casi inevitable entre dos seres humanos con fallas. En vez de desesperarse cuando hay conflicto, la pareja cristiana va a aprender a aplicar los principios bíblicos que pueden ayudarles en él, procurando el bienestar del otro, buscando humildemente la reconciliación y pidiendo perdón por errores cometidos.

(3) "El matrimonio siempre será lleno del romance." El noviazgo casi siempre se lleva a cabo con la pareja compartiendo tiempo agradable. El hombre compra flores y regalos para su novia y ella siempre le da una sonrisa y se ríe al oír todos los chistes de él, aun los malos. Pero después de la boda, la pareja tiene que dirigirse a la tarea difícil de sobrevivir en un mundo difícil — trabajando y luchando para pagar la renta, la comida y otras obligaciones. Pronto llegan los niños con sus pañales sucios, enfermedades y rebeliones. A veces la esposa dice al marido, "No me traes flores como antes." El responde, "Ya no te ríes al oír mis chistes."

Los dos deben reconocer que la vida real no puede ser siempre como el noviazgo, pero el marido en particular debe promover el romance en la relación. El hecho que a Dios le gusta el romance en el matrimonio se comprueba con el libro del Cantar de los Cantares. Es de suma importancia que la pareja tome el tiempo para salir y gozarse juntos tal como hicieron como novios. Aunque la vida real es diferente que la del noviazgo, el romance no tiene que morir. Aunque cambie un poco su carácter, debe ser promovido y nutrido.

(4) "La esposa va a sentir igual en cuanto a las relaciones sexuales como el varón." Muchos jóvenes varones entran en el matrimonio pensando que sus esposas van a tener el mismo tipo de deseo sexual que ellos tienen, pero la realidad es que Dios las ha hecho diferente. Si hay mucho amor y paciencia, el marido y su esposa pueden aprender a ajustarse a las diferencias entre ellos y aprender a gozarse juntos de esta bendición que Dios ha creado para los dos. A veces, especialmente para el varón, significa esperar en algunas ocasiones, pero la paciencia y la comprensión siempre traen buenos resultados a lo largo, mientras la impaciencia y el egoísmo siempre resultan en el fracaso.

¿Cómo superar las expectativas poco realistas?

- **No demande lo que su compañero no puede dar.** Una semana después de casarse usted va a ver defectos en su esposa o marido que jamás había visto durante el noviazgo y él o ella también va a descubrir lo mismo en usted. Si usted no es perfecto, no lo exija en su cónyuge.

- **Haga lo que pueda para realizar lo que su compañero quiere.** Si usted sabe que a su cónyuge le gusta el café todas las mañanas, haga el hábito para prepararlo para ella (o para él). Sirva a su cónyuge y dedíquese a pequeñas cosas que le hagan feliz.

- **No compare su matrimonio con otros.** Siempre hay quienes parecen tener matrimonios perfectos (aunque a veces estos "perfectos" resultan tener serios problemas). No mencione estos y jamás diga ni piense algo así, "¡Ojalá que tú fueras como Fulano!" ¡No lo diga especialmente si Fulano antes era su novio!

- **Acepte a su cónyuge a pesar de sus imperfecciones.** Usted es una combinación de virtudes y defectos y así es su compañero. Si usted quiere que él o ella piense en sus fuerzas y no en sus debilidades, que así sea usted con él (o con ella). Podemos exagerar los defectos de nuestro compañero o cubrirlos. La Biblia nos enseña que éste es el camino correcto (1 Corintios 13:7).

La realidad es que Dios diseñó el matrimonio para llevarnos al borde del cielo, pero esto solamente se logra con expectativas realistas, mucho esfuerzo, mucho amor, y mucha oración

(De "Creced" 4/2012)

Solapadores en el hogar

La palabra "solapar" literalmente tiene que ver con el montar una parte de una prenda para que cubra otra, pero se usa figuradamente para dar el sentido de "ocultar algo por malicia o por cautela" (Larousse). Mi buen amigo y hermano Mario Peña me dice que los consejeros profesionales de terapia familiar como él emplean la palabra "solapador" para describir a los miembros de la familia que tratan de esconder serios problemas de sus parientes para no tomar los pasos necesarios pero difíciles para solucionarlos.

La solución bíblica al trauma familiar

Vivimos en una época en la cual el rechazo de Dios con sus compañeros, el egoísmo y el deseo para la gratificación instantánea, han producido un montón de trauma familiar: la drogadicción, la adicción a la pornografía, la fornicación, el alcoholismo, el abuso sexual, la violencia familiar y la lista larga de males de Romanos 1:29, 30. La Biblia da el remedio a este tipo de comportamiento: el buscar a Dios, el arrepentimiento, el reconocimiento del problema a través de la confesión y el esforzarse en aprender el verdadero amor y el dominio propio (Heb. 11:6; Hechos 8:22; 1 Jn 1:9; 1 Cor. 9:27; 13:4-7, etc.).

¡Pero la solución bíblica cuesta!

(1) El orgullo - Si somos orgullosos, queremos presentarnos frente al mundo como muy espirituales, inteligentes y controlados aun cuando no sea así el caso. Por esta razón, no nos gusta ser francos y abiertos cuando hay serios problemas en la familia sino queremos esconderlos. Por tanto, cuando otros sospechan que hay problemas y se acercan a solapadores para ofrecerles su ayuda, éstos responden con ira, acusándoles de juzgar.

(2) Requiere esfuerzo - No es fácil enfrentar a un familiar y decirle que él y todos en la familia tendrán que cambiar sus vidas de forma drástica. La rutina de la vida del solapador es adictiva ya que es fácil seguir haciendo como siempre hemos hecho, quizás hablando de pequeños ajustes pero sin demandar el cambio radical que es necesario para solucionar en verdad el problema.

Ejemplos bíblicos

- **Elí** - Los hijos de Elí cometieron actos vergonzosos (1 Sam. 2:22), pero éste no les frenó (1 Samuel 3:13) sino se conformó con el regañarles tibiamente (1 Samuel 2:23,24). El castigo fuerte es desagradable y por tanto Eli tomó el papel de solapador, actuando como si no hubiera gran problema.

- **David** - Algunos de los hijos de David como Amnón, Adonías y Absalón obviamente eran consentidos y cometieron barbaridades las cuales debían haber traído fuerte castigo de David. Sin embargo, éste no hizo casi nada cuando Amnón violó a su hermana ni cuando Absalón estaba conspirando en contra de él. 2 Reyes 1:6 dice en cuanto a Adonías, "su padre nunca le había contrariado preguntándole, "¿por qué has hecho esto?"" Como muchos padres que consienten a sus hijos, era solapador, teniendo en poco los problemas que demandaron soluciones, y por tanto todos sufrieron graves problemas a largo plazo.

Ejemplos modernos

- **Las esposas frente a los golpes de sus maridos** - Es trágico ver a esposas que se dejan abusar por los maridos, mintiendo y escondiendo las barbaridades de éstos para que no tengan que responder a las autoridades legales. Lo hacen porque temen vivir sin varón, aunque las golpeen y las maltraten.

- **Las madres frente al abuso sexual** - Peor todavía es cuando las madres dejan que sus maridos abusen sexualmente de sus hijos, actuando como si no supieran lo que está pasando. Lo hacen porque no quieren la vergüenza que acompaña esta atrocidad ni tampoco quieren vivir solas. Así sus hijos tienen que sufrir horrores indecibles que les cicatrizan para toda la vida.

- **Los padres** - A veces los padres pasan por alto el alcoholismo o drogadicción de sus hijos, o lo tratan como si no fuera gran cosa para no tener que hacer los grandes esfuerzos necesarios para ayudarles. Quizás escondan los problemas para no ser criticados en la iglesia o en la comunidad.

Lo que se ve mucho hoy en día son los padres "solapadores" frente a sus hijos que no quieren trabajar. Aunque la Biblia dice que el que no trabaje tampoco deba comer (2 Tes. 3:10), los padres solapadores dejan que sus hijos vivan en la casa sin trabajar o ayudar con los gastos aunque tengan sus 25-30 años. Así crean una dependencia no saludable en ellos.

La solución

Proverbios 28:13 dice "El que encubre sus pecados no prosperará; Mas el que los confiesa y se aparta alcanzará misericordia." Los solapadores luchan para que no se haga caso a esta verdad bíblica,

Si usted ha sido solapador, negando enfrentar los serios problemas en su familia, pida a Dios que le dé el valor para enfrentarlos con amor.

- **Enfrente el problema.**

- **Dígale al adicto o al abusador con amor que admita el problema y que busque la ayuda.** Los adictos a las drogas y al pecado no quieren admitir sus adicciones, pero es importante no aceptar excusas.

- **Si el familiar no acepta que tenga el problema, ¡que sufra las consecuencias!** Que otros miembros de la familia no le sigan dando comida, abrigo, alojamiento y simpatía. Es necesario exigir que los adictos al pecado salgan del hogar si se niegan a arrepentirse. En esta área son los miembros de la familia, los solapadores, los que tendrán que cambiar en forma drástica su comportamiento.

- **¡Jamás tolere el abuso físico o sexual!** Llame a la policía. Si sus hijos están involucrados, protéjalos, quitándoles de la presencia de un abusador.

- Aunque usted tenga que sufrir a corto plazo por dejar la vida de solapador, enfrentando a los problemas serios en vez de esconderlos de otros, a largo plazo Dios le dará la paz y las bendiciones que vienen a los que aman la verdad y hacen los sacrificios necesarios para seguirla.

(De Creced 8/2009)

Criticones en el matrimonio

Un caso típico

Agustín (no es su verdadero nombre) tiene mucha energía, ha formado su propio negocio y es muy activo y motivado en él. Se enamoró de Maribela, tan tranquila y moderada, como él es de enérgico. Sin duda fue atraído a su espíritu apacible, el cual habría suavizado sus nervios, agitados por el estrés de su trabajo. Se casaron y tuvieron varios niños.

Pero, después de algunos años, las mismas cualidades que le atrajeron a Maribela en el principio, su espíritu tranquilo y moderado, comenzaron a molestarle.

"No limpia bien la casa," se queja Agustín. "Cada día al regresar de mi trabajo, encuentro reguero y desorden en toda la casa."

"Además," agrega Agustín, "no disciplina bien a los hijos, sino que les deja hacer lo que quieran. Estoy cansado de tanto desorden y la falta de disciplina."

"Según él, no puedo hacer nada bien," responde Maribela. "Siempre me critica por pequeñeces que no tienen importancia. Ojalá que yo tuviera un marido que me amara y me apreciara. Antes, él me compraba flores y regalos. Ahora solamente me crítica."

Maribela comienza a comprar ropa y decoraciones para su casa, cosas que le consuelan y le hacen sentir mejor. Agustín se enfurece más porque dice que Maribela gasta dinero que no tienen en cosas de poco valor. Los desacuerdos se convierten en riñas que afectan a los niños y cuando están enfurecidos, hablan del divorcio.

Agustín y Maribela son cristianos. Lamentablemente, estoy dándome cuenta que su caso no es raro entre hermanos.

Breve análisis

Agustín y Maribela tienen razón al señalar los defectos del otro. Es verdad que Maribela debe preocuparse más por la limpieza y la disciplina y Agustín debe ser menos "sargento" y criticón. Sin embargo, al fijarse en los defectos del otro, tanto Agustín como Maribela descuidan sus propios defectos y no tratan de hacer los cambios en sus propias vidas que mejorarían su matrimonio.

Principios bíblicos violados

- **Vencer con el bien el mal** (Romanos 12:21) - ¡Cuantas veces pasamos por alto este principio no solamente en el hogar, sino también en la iglesia! En vez de aplicarlo, tratamos de vencer el mal de nuestro cónyuge con la crítica, con la voz fuerte y con el sarcasmo. En vez de dar "la blanda respuesta que quita la ira" (Proverbios 15:1), agregamos leña al fuego con palabras ásperas. Después de ignorar Romanos 12:21 y de tratar de vencer el mal con la crítica y la frustración, maridos como Agustín dicen, "no he logrado cambiarla. No va a cambiar." Pero ¡no han tratado de efectuar el cambio como Dios les ha mandado!

- **El Amor todo lo cubre.** - Los principios de 1 Corintios 13:4-7 son pasados por alto cuando hay matrimonios en crisis. El amor "cubre" los defectos de nuestro cónyuge, no los toma en cuenta. En vez de exagerar los defectos de su esposa (y si son defectos), Agustín debe tratar de aprender a decir, "no importa tanto." Si él es honesto consigo mismo, puede ser feliz sin tener una casa que siempre esté limpia. Su alegría no depende necesariamente de este punto. Pero en vez de tomar el camino de 1 Corintios 13, Agustín exagera este defecto en su mente y llega a ser miserable pensando en él.

- **La misericordia** - Queremos que Dios sea misericordioso con nuestros defectos, pero no queremos ser misericordiosos con los de nuestros cónyuges. "Sed misericordiosos, como también vuestro padre es misericordioso... porque con la misma medida con que medís, os volverán a medir" (Lucas 6:36, 38). Si dejamos que cualquier defecto en nuestro cónyuge nos moleste mucho, ¡así va a ser Dios con nosotros!

Remedios para el criticón

1. Acepte que la crítica no va a cambiar la personalidad básica de su cónyuge. Agustín tiene que aceptar que se ha casado con una mujer tranquila y apacible y su carácter general no va a cambiar. Ella jamás va a convertirse en una candela de trabajo ni un sargento de disciplina. Aunque ella sí debe tratar de mejorarse en estos puntos, él debe aceptarla tal como es en cuanto a su personalidad. A lo largo, quizás logre algunos ajustes en la vida de ella con el amor y el cariño, pero jamás va a cambiar su carácter general, mucho menos con la crítica y la frustración.

2. Acepte que los cambios se logran a través de muchos años por medio del amor y la paciencia (1 Pedro 3:1, 2). Es posible que Maribela aprenda a limpiar un poco mejor y a ser más firme con los niños, pero los cambios no van a ser repentinos. Agustín jamás va a ser un tipo plácido y moderado aunque con el tiempo quizás pueda aprender más paciencia. Maribela tiene que aceptar este hecho.

3. Enfóquese en las cualidades de su cónyuge que le atrajeron a él en primer lugar. Es bueno volver a pensar en el noviazgo y en las cualidades de nuestro cónyuge que nos atrajeron al principio. Agustín debe reconocer que todavía necesita tranquilizarse en cuanto a los desafíos de la vida y que Maribela puede ayudarle con esta necesidad. Ella debe reconocer que necesita la motivación que Agustín le da. Los dos pueden usar sus fuerzas con los niños. Ellos necesitan la disciplina, pero también necesitan de la paz y la tranquilidad y Agustín y Maribela pueden trabajar para que sus personalidades se armonicen para ayudar a sus hijos, en vez de chocarse siempre.

4. Ayuno de crítica. Un buen amigo mío, Brent Hunter, sugiere que las parejas cristianas traten de "ayunar" en cuanto a la crítica por 24 horas. Cada vez que comience a criticar a su cónyuge, deténgase y trate de substituir el pensamiento negativo con otro positivo. Se sorprenderá al ver la cantidad de críticas que puede evitar en un espacio de 24 horas.

Aunque a veces las críticas son necesarias, que hagamos todo lo posible para evitarlas. Y cuando tengamos que criticar, que sea siempre con mucho amor y tacto. (*De "Creced" 6/2004*)

Una ilustración llamativa

El banco del amor

Sin el amor nada vale (1 Cor. 13:1-3). Pero, ¿cómo podemos infundir el amor en nuestro mundo y especialmente en nuestros matrimonios? Se ha dado una excelente ilustración que tiene que ver con "el banco del amor."

Cada individuo tiene un banco del amor en el cual se hacen depósitos y retiradas.

"**Los depósitos**" son: actos de bondad, palabras alentadoras, servicio, cariño, regalos, el demostrar la sabiduría de lo alto (Santiago 3:17), etcétera,

"**Las retiradas**" son: palabras agrias, descuidos, insultos, críticas no amorosas, disputas, etcétera.

Los depósitos aumentan el amor, los retiros lo disminuyen. En un sentido tenemos un banco del amor para con toda la gente que conocemos. Cuando hay pocos tratos con los individuos, o sea, pocos depósitos y retiradas, no hay fuertes sentimientos ni a favor ni en contra de ellos. Pero por más trato que tengamos con la gente (por más depósitos y retiros que haya), más fuertes son nuestras emociones con respecto a ellos.

Ilustración - Una pareja cristiana se forma

Un joven cristiano se encuentra con una joven al visitar otra congregación.

- Ella le sonríe. Así "deposita" $5 en su "banco del amor."

- Él se acerca a su asiento para hablar más con ella y ella conversa muy bien con él. Deposita $5 dólares más en su "banco."

- Él le pregunta si puede acompañarle a regar tratados con otros jóvenes de la congregación el siguiente sábado. ¡Contesta que sí y deposita $20 en su banco del amor!

- Pero, luego, le llama y le dice que ya tiene compromiso para aquel sábado y que no puede acompañarle. Retira $20 del banco del amor.

- Pero, entonces dice que se siente muy mal por haberse olvidado del compromiso y espera que puedan pasar tiempo juntos en el futuro. Vuelve a depositar $15 en su banco del amor.

- Más tarde el joven llama a su nueva amiga y le pide que le acompañe a algunos estudios intensivos del libro de Salmos que un evangelista está dando en el área. Ella acepta y le acompaña. Deposita $30 en su banco del amor.

- En los estudios intensivos de los Salmos, él se da cuenta que ella es muy profunda en su conocimiento de las escrituras y a la vez es muy humilde. Deposita $50 en el banco del amor.

- Él le compra una docena de rosas para ella. Deposita $50 en el banco del amor de ella.

- Comienzan a orar y estudiar mucho y van juntos a estudios bíblicos y a diversiones sanas. Hay muchísimos depósitos y pocas retiradas. El amor florece y a lo largo la pareja se casa y forma un hogar cristiano.

El "banco del amor" en el matrimonio

Lamentablemente después de las bodas, muchas veces los maridos y mujeres piensan que ya no es tan importante hacer depósitos en el banco del amor ya que tienen a su cónyuge "ya ganado." Comienzan a hacer críticas: "Tú has subido 2 kg," "Hace tiempo que no me compras flores," etcétera. Ella no piensa que sea tan importante arreglarse para ser bonita para él y él no piensa que sea tan importante decirle que es bonita. Con los muchos retiros el banco del amor se disminuye y a veces llega hasta el punto de bancarrota. Así, lamentablemente vemos a veces a parejas cristianas que son agrias, resentidas, sarcásticas y aunque no quieren divorciarse por lo que dice Mateo 19:9, no son muy felices y su hogar no es muy estable.

La solución es que el marido y la mujer sigan haciendo muchos depósitos y pocos retiros aun después del matrimonio. Que él siga hablando de sus buenos atributos, de sus ojos bonitos, de los buenos tamales que cocina, etc. Que le regale flores y otros obsequios y tenga sumo cuidado con las críticas, asegurándose de que son muy pocas, dadas siempre con amor y solamente cuando sean muy necesarias. Que se esfuerce en amar de verdad a su esposa como Cristo ama la iglesia (Efesios 5:24,25).

Que ella siga alabando a su marido por ser el mejor carpintero del barrio (o lo que sea), los ojos más bonitos, el carácter mejor desarrollado, etc. Siempre trate de ser bonita para él tal como hizo cuando fueron novios.

Así, los bancos de amor del marido y su esposa pueden llenarse de amor y pueden tener un matrimonio que les lleva al borde del cielo.

(Ilustración de Willard Harley, De "Creced" 12/01)

Seis pasos hacia la destrucción del matrimonio

Pocas veces el matrimonio se destruye en un solo día. Mayormente el fracaso matrimonial es el resultado de varios pasos fatales los cuales ocurren a través de mucho tiempo. A continuación analizamos seis pasos que llevan a la destrucción del hogar.

(1) El egoísmo. Cada persona hace lo que quiere sin compartir tiempo con los otros miembros de la familia. Cada uno busca su propio placer en el materialismo, las actividades sexuales o al pasar tiempo con su propia familia sin preocuparse por la satisfacción del cónyuge en estos asuntos. Así comienza la destrucción del hogar.

(2) La intolerancia. Se comienza a notar fallas en el cónyuge, las cuales habían sido escondidas o ignoradas durante el noviazgo. Las fallas comienzan a molestar más y más y la gravedad de ellas se agudiza en la mente de cada uno. Comienzan las críticas y los regaños. Cada parte se acusa de haberse equivocado grandemente al casarse.

(3) La conformidad. Los dos partidos se conforman con su situación. "Ya está hecho" dicen, "tendremos que soportarlo." Ya no se esfuerzan en tener un hogar feliz, hay poca comunicación y desaparece el cariño y aparece más el resentimiento.

(4) Cesan las relaciones sexuales. Al no poder comunicarse bien, la pareja ya no disfruta de este propósito divino del matrimonio. Están muy susceptibles al siguiente paso.

(5) El adulterio. La tentación siempre aparece sin aviso y los que no reciben la satisfacción física y emocional en su matrimonio son susceptibles a ella. Las excusas abundan en estas circunstancias: "mi cónyuge nunca me entendió," "este es el verdadero amor,""ahora por fin alguien me entiende y me ama," etc.

¡El pecado es muy engañoso! Ya ha pasado bastante tiempo desde que tomaran los primeros pasos hacia el fracaso matrimonial pero ahora se ha completado el proceso. Solamente queda un paso más...

(6) La separación. Lo que ha destruido el hogar es el pecado, pero no solamente el pecado del adulterio, sino todo lo que ha llevado a la pareja hacia él: el egoísmo, la intolerancia, la falta de amor, la amargura y el negarse las necesidades físicas. La única conclusión razonable es que lo que destruye el hogar es el pecado de las dos partes, o por lo menos la de una de ellas.

(Por Bill Hall, de "Creced" 2/ 2003)

Pasos para librarse de la desintegración matrimonial

(1) El Arrepentimiento. Hay que darse cuenta del desastre venidero y decidir combatir el egoísmo. Quizás no sea posible cambiar las acciones de su cónyuge, pero es posible cambiar su propio comportamiento y así vencer con el bien el mal.

(2) La confesión. Hay que confesar los pecados matrimoniales primero a Dios (1 Juan 1:9) y luego al cónyuge. Al confesar a éste, no mencione las fallas de él/ella, sino solamente las suyas.

(3) Comience el hábito de orar. Hágalo con su cónyuge si éste es cristiano y aunque no lo sea, hágalo si él lo acepta.

(4) Haga guerra contra el egoísmo. Dedíquese a servir a su cónyuge y hacer que el/ella sea feliz. Cómprele regalos, trate de participar con su cónyuge en cosas que a él/ella le guste hacer. Quizás este es el paso más difícil y el que más cuesta, pero es esencial para salvar un matrimonio herido.

(5) No haga caso a las pequeñas molestias. Siga repitiéndose, "no importa tanto," cuando pase algo que le molesta. El amor "no toma en cuenta el mal sufrido" (1 Cor. 13:5 *LBLA*), o sea, aprende a pasar por alto los males. ¡Hay que vencer con el bien el mal! (*De "Creced" 2/ 2003*)

La cortesía en el hogar

¿Usted dejaría que sus hijos hablaran así?

* "Tú, tráeme la comida ahora mismo. Apúrate."
* "Cállate la boca, estoy hablando."

No dejaríamos que nuestros hijos hablaran así, pero así muchos maridos cristianos hablan con sus esposas y viceversa. Aun los cristianos que aparentan ser fuertes hablan con sus esposas como si fueran sargentos militares, con poca paciencia y respeto.

- **Efesios 5:25, 28** dice que los maridos deben amar a sus esposas como Cristo amó a la iglesia y como a sus propios cuerpos.

- **I Pedro 3:1-6** habla de la conducta" casta y respetuosa" de la mujer, del "espíritu afable y apacible" que deben tener. Las palabras bruscas e irrespetuosas no salen del espíritu afable y apacible sino del egoísta.

- **1 Pedro 3:7** "Vosotros, maridos, igualmente, vivid con ellas sabiamente, dando honor a la mujer como a vaso más frágil, y como a coherederas de la gracia de la vida, para que vuestras oraciones no tengan estorbo." Dios no oye las oraciones del marido que habla con su esposa como si ella fuera esclava.

- * **Colosenses 4:6** "Sea vuestra palabra siempre con gracia, sazonada con sal..."

Problemas espirituales

Nuestros amigos en el mundo nos observan para ver cómo nos tratamos y si no sabemos poner a nuestro cónyuge en un pedestal, no nos van a oír. Las palabras bruscas en el matrimonio afectan a los hijos los cuales se crían pensando que no se debe respetar a otros. Aunque les enseñemos que deben ser corteses, no nos harán caso si no practicamos lo que predicamos.

Remedios

* **El arrepentimiento.** Si usted ha tratado a su cónyuge con poco respeto, pídale perdón y comience a adiestrarse a ser un caballero o una dama frente a su esposa.

* **"Las palabras mágicas."** Las palabras como "por favor" y "gracias" deben ser oídas continuamente en un hogar cristiano. Demuestran la gratitud y la cortesía que agrada a Dios. Como usted adiestra a sus hijos a hablar con otros, hable así usted con su cónyuge y sus hijos.

* **Acciones de amor y cortesía.** Es importante que los maridos abran las puertas para sus esposas y que las dejen pasar adelante. Que todos en la familia den regalos unos a otros, no solamente para los cumpleaños, sino en otras ocasiones. Que se traten a todos en la familia como las grandes bendiciones que son.

Aquí en el área de Nueva York me da pena ver como algunos maridos de las culturas musulmanas e hindúes (no todos) caminan rápidamente delante de sus esposas, las cuales siguen varios pasos atrás con la cabeza hacia el suelo. Cristo nos enseña un mejor camino, el camino de amor y respeto, el cual trae mucha alegría y muchas bendiciones.

(De Creced, 2/2004)

Serie sobre problemas matrimoniales

¡Dios hizo al hombre y la mujer diferentes!

Dios hizo al hombre y la mujer diferentes, no solamente en el aspecto físico sino también emocionalmente. La mujer es ayuda idónea para el hombre (Gen. 2:18) pero es diferente que él y tiene un papel diferente (I Cor. 14:34,35; II Tim. 2:11,12). Las siguientes diferencias a veces se notan, aunque son generales y no absolutas:

- El hombre por lo general se preocupa mucho por su trabajo. Su felicidad depende en gran manera al pensar que está logrando algo importante con él.

- La mujer más que nada se preocupa por la seguridad y por tanto no quiere arriesgarse tanto como el hombre. Quiere la seguridad financiera y emocional para su familia.

- Por lo general el hombre le gusta más la aventura que a la mujer. Está más dispuesto a querer mudarse o viajar a otra parte por su trabajo. Es más tentado a arriesgar dinero en algún nuevo negocio o en una inversión. La mujer tiende a querer más la estabilidad y el estar cerca de su familia.

Queriendo tanto la seguridad, la mujer muchas veces está más preocupada por varias clases de peligros que el hombre. Por ejemplo:

Cuando su marido maneja el auto, a ella le parece que todos los otros autos le estén "atacando" y que hay peligro inminente de choque.

"No grites tanto," le dice él a ella. ¿"No piensas que yo sé manejar"?

Al ver a un individuo que actúa de una forma "rara," ella es más sospechosa que el varón.

"No confíes en ese tipo," le advierte a su marido.

"No te preocupes tanto," le dice el marido, "tú eres demasiada desconfiada."

Entender que estas diferencias (y otras más) tienen que ver con cómo Dios nos hizo, nos ayudará a tener paciencia al ajustarnos a ellas en el matrimonio en vez de dejar que nos molesten demasiado.

El hombre y la mujer pueden ayudarse con estas diferencias

Si el hombre y la mujer siguen los principios bíblicos, las diferencias se pueden armonizar en el hogar para que haya balance y orden. Considere dos ejemplos:

(1) Con su pasión y deseo para buscar "la aventura," el hombre casi siempre ha sido más tentado que la mujer a meterse en el crimen y en pecados sexuales. (Una gran mayoría de los criminales son varones.) Pero la mujer, con sus instintos domésticos, ayuda al hombre a ver el principio divino del gozo y la armonía viene solamente cuando se controlan las pasio-

nes. Por esta razón, la mujer ha sido llamada, la civilizadora de la sociedad.

(2) Puesto que está tan preocupada por la seguridad, la mujer a veces es más tentada a afanarse por problemas económicos y otros peligros en violación de textos como Mateo 6:25-34. El hombre con su fuerza y confianza le puede ayudar a confiar más en Dios en tiempos difíciles.

Son dos ejemplos de muchos que se podría dar de cómo los hombres y mujeres con sus diferentes instintos pueden ayudarse mutuamente en el matrimonio si siguen el plan divino de Dios.

Pruébese a si mismo

En una escala de 1-5, califíquese a sí mismo con las siguientes preguntas las cuales revelan cómo usted sigue principios bíblicos para resolver problemas en su matrimonio: 5 = bueno; 4 = bastante bueno; 3 = regular; 2 = me falta mucho; 1 = malo. Si se atreve en tomar "la prueba" con su conyugue, ¡hágalo! Escriba "su número" al lado de la pregunta:

___1. ¿Usted pide perdón rápido al ofender a su cónyuge? O, ¿le cuesta mucho pedir perdón? (Cualifíquese así: 5 = siempre pide perdón; 4 = muchas veces; 3 = algunas veces; 2 = pocas veces; 1 = nunca pide perdón)

___2. ¿Usted deja pasar una noche sin resolver algún problema? (Ef. 4:26) (5 = nunca; 1 casi siempre, etc.)

___3. ¿Usted admite tener la culpa mucho? o, ¿le cuesta admitir culpa? (Sant. 5:16)

___4. ¿Usted siempre tiene que tener la razón? o, ¿sabe ceder? (Fil. 2:1,2)

___5. ¿Usted ora mucho por su conyugue?

___6. ¿Usted alaba mucho a su cónyuge por sus buenas cualidades, no solamente en privado sino frente a otros?

___7. ¿Usted critica a su cónyuge frente a otros? (5 puntos = nunca; 1 punto = mucho, etc.)

___8. ¿Los pequeños problemas le molestan mucho? (5 puntos = nunca le molestan, 1 = siempre le molestan, etc.)

___9. ¿Usted está contento con pocas cosas materiales? (I Timoteo 6:6-10)

___10. ¿Contradice a su conyugue delante de los hijos? (5 puntos = nunca; 1 punto = mucho)

___ 11. ¿Usted quiere mucho que su conyugue sea feliz? (I Cor. 13)

¿Cómo usted hizo? Sume los puntos que ha escrito.
55 puntos - Usted es un mentiroso, sea más honesto
40-54 puntos - v felicitaciones, pero, ¿está seguro que fue honesto?
30-39 puntos: bueno, pero mejórese
20-29 puntos: Gracias por ser honesto, que Dios le ayude a aplicar mejor Sus principios en su matrimonio.
12-19 puntos: Usted es honesto, pero tiene que aprender a amar más.

Serie sobre problemas matrimoniales

Problemas con el dinero

Intro. El dinero es raíz de muchos conflictos matrimoniales. A continuación damos algunas sugerencias con bases bíblicas que pueden ayudar cuando hay problemas con el dinero.

(1) Un presupuesto familiar: El marido y su esposa deben hacer juntos un plan económico para la familia. Este plan comienza con las entradas anticipadas por el mes. Entonces se escribe abajo, los gastos por el mes: la renta, la luz, la comida, la ofrenda, la medicina, los ahorros, gastos misceláneos, etc. Entonces, la familia debe hacer todo lo posible para regirse al plan.

Un presupuesto ayuda a la familia en varias formas: (a) Ayuda a eliminar gastos no necesarios, ayudando a todos a ser mejores mayordomos de lo que Dios les ha dado; (b) Todos ven cuánto dinero hay, según acuerdo mutuo, para los distintos gastos.

(2) Un subsidio para la esposa: Si hay disputas sobre el dinero, debe haber en el presupuesto familiar, un subsidio para la esposa aparte de la comida y otras necesidades. El marido y la esposa deben acordarse de antemano de la cantidad y ella debe ser la única que determina como gastar ese dinero. Él no debe tener voz ni voto en el gasto de ese dinero, aunque piense que su esposa lo malgaste, ya que es de ella y no de él.

(3) Luchar con el materialismo. I Timoteo 6:6-10 y otros textos nos enseñan que la vida no consiste en la abundancia de bienes que uno posee. Los maridos, por tanto, deben evitar el egoísmo con el dinero y las esposas deben dejar de exigir los lujos, la ropa costosa, y otros gastos no necesarios.

(4) Amar al conyugue más que uno mismo. Así el marido debe amar a la esposa (Ef. 5:25,28) y así ella debe amarle a él (Tito 2:5). Los problemas con el dinero siempre tratan del egoísmo del uno o del otro o de los dos.

Serie sobre problemas matrimoniales

Problemas con los suegros

Muchos matrimonios se tumban por problemas con los suegros. Ella, al tener una disputa va corriendo a su mamá, y él, cuando ella quema la comida, va llorando a la de él. Los padres se meten en las disputas y así poco a poco se va armando un lío.

Si hay un solo texto que ayuda con este problema es Génesis 2:24 citado también en Mateo 19:5, ..."el hombre dejará padre y madre, y su unirá a su mujer." Cuando un hombre y una mujer se casan, aunque no dejan de amar a sus padres, sí los dejan de forma emocional y física. Ya no pertenecen al hogar de sus padres (Aunque siempre los amarán y apreciarán) sino al nuevo hogar que forman con su cónyuge. Significa...

• ...Cuando hay disputa, uno ya no va corriendo a mami, sino que se queda para resolver el problema con su cónyuge.

• ...Ya no va a vivir con los padres, salvo por breves tiempos en casos de emergencia.

• ...Los padres no deben meterse en problemas de sus hijos casados. Deben decirles que resuelvan sus problemas con sus cónyuges.

Aparte de dejar a sus padres, los cristianos que son casados deben esforzarse en hacer todo lo posible para llevarse bien con sus suegros. A veces no son fáciles, pero Dios nos ama a nosotros aunque no siempre somos fáciles para El. Así debemos ser con nuestros suegros.

Serie sobre problemas matrimoniales

Problemas sexuales en el matrimonio

Aunque es un tema delicado, la Biblia da bastante enseñanza en cuanto a las relaciones físicas entre hombre y mujer en el matrimonio. Lamentablemente la falta de comprensión en cuanto a este tema ha dañado muchos matrimonios, pero la Biblia puede ayudar.

El amor es la base del matrimonio y no el sexo

Aunque las relaciones físicas son muy importantes en el matrimonio porque hacen más fuertes los lazos entre marido y mujer, no son la base de él. El amor (*ágape*) es la base del matrimonio (Ef. 5:25-28). Por tanto, cuando por enfermedad o algún accidente un cónyuge no puede participar en el acto matrimonial, el otro debe quedar fiel. El amor para con Dios y con el conjugue debe ser mucho más fuerte que los impulsos físicos.

Aunque solamente puede haber sexo legítimo dentro del matrimonio, un cristiano nunca debe casarse "por el sexo" sino por el amor, el interés genuino en el bienestar de su cónyuge (Ef. 5:25; Tit. 2:5). Si hay amor verdadero, un deseo para servir más al otro que a uno mismo, entonces los problemas sexuales pueden ser resueltos.

Principios que pueden ayudar

- **No tener vergüenza del acto dentro del matrimonio (Heb.13:4)** - El sexo es algo especial que Dios ha reservado para los que aceptan el compromiso matrimonial. Aunque el acto es vergonzoso y feo fuera del matrimonio, dentro del mismo es puro y bello. Que el marido y su mujer no tengan vergüenza, sino alegría al participar en lo que Dios ha reservado para ellos. No es solamente para procrear hijos, sino es para la satisfacción de los dos y hace más fuertes los lazos entre ellos (I Cor. 7:3-5, Heb. 13:4).

- **Pensar más en la satisfacción del cónyuge que en la de uno mismo** - I Cor. 7:3-5 dice, "Que el marido cumpla su deber para con su mujer, e igualmente la mujer lo cumpla con el marido. La mujer no tiene autoridad sobre su propio cuerpo, sino el marido. Y asimismo, el marido no tiene autoridad sobre su propio cuerpo, sino la mujer. No os privéis el uno del otro, excepto de común acuerdo y por cierto tiempo..."

La enseñanza es clara: El marido y su mujer deben pensar más bien en la satisfacción de su compañero que de su propia satisfacción. Como resultado, los dos se hacen felices.

- **Tener en mente la diferencia entre hombre y mujer (I Pedro 3:7)** - Dios ha hecho al hombre y a la mujer diferentes en cuanto al acto físico. El hombre se estimula rápido, muchas veces en base de lo que ve, pero la mujer se estimula más lentamente mayormente en base del toque. El marido cristiano va a tomar en cuenta esta clase de diferencia para agradar a su esposa con gentileza y consideración y vice versa.

- **No se olvide del "romance" (Cantar de los Cantares)** - Este punto es importante especialmente para los varones. Aunque no descuidan del romance durante el noviazgo, muchas veces después del matrimonio lo descuidan pensando "ya la he ganado." Pero ¡hay que seguir ganando a la esposa! Las flores, los regalos y las palabras bellas son muy importantes para ayudar a la esposa. Conviene que el varón lea el libro de Cantar de los Cantares para aprender del romance en el matrimonio.

- **Mucha alabanza y pocas críticas (I Pedro 3:7; Cantar de los Cantares)** - Los maridos y esposas criticones no siguen el principio de amor y apagan no solamente el amor de sus cónyuges sino el deseo físico. Da pena ver a maridos que critican continuamente a sus esposas por cosas triviales y luego se quejan, "mi esposa es fría."

- **Buena higiene** - Si usted se baña poco y se arregla poco, ¡no va a poder ser atractivo a su cónyuge! Siga ganando a su compañero no solamente con palabras de amor sino con buena presentación física.

- **Comunicaciones** - No sea quejón, pero sí, hable con su cónyuge en cuanto a sus necesidades y también pregunte si hay algo que usted puede hacer para ser mejor cónyuge en todo aspecto.

- **No privar al cónyuge (I Corintios 7:5)** - Aunque de vez en cuando uno va a estar cansado o con dolor de cabeza (y el cónyuge debe ser paciente en estos tiempos) no es bueno siempre estar cansado o con dolor de cabeza.

- **La paciencia** - El cristiano nunca pierde la paciencia porque ama al cónyuge más que a sí mismo. Su meta no es su propia satisfacción sino la del compañero.

- **Ayuda médica** - Si hay mucho dolor o problemas serios, Dios nos ha proveído los médicos que pueden ayudar.

- **Oración** - Dios quiere que tengamos una buena relación física con nuestro cónyuge y por tanto es bueno orar a El pidiendo su ayuda si hay problemas.

Siendo un tema delicado, no es fácil hablar de relaciones físicas en el matrimonio, pero es importante. Los principios bíblicos dados pueden ayudar a una pareja cristiana a gozarse de lo que Dios les ha proveído como parte de su matrimonio.

¿Cómo enseñar acerca del sexo?

Un joven predicador que es soltero me ha escrito preguntándome cómo enseñar en la iglesia acerca del sexo. Creo haber visto dos errores con respecto a este asunto:

(Error #1) No mencionarlo - Es el camino más fácil, pero la Biblia tiene bastante enseñanza con respecto al tema. El libro de Génesis relata historias donde varios individuos sufrieron por sus pecados sexuales. Los primeros capítulos de Proverbios advierten a los jóvenes del peligro del sexo fuera del matrimonio mientras el Cantar de los Cantares de Salomón tiene que ver con la importancia del romance en el mismo. Las cartas del Nuevo Testamento mencionan varios aspectos de la vida sexual del hombre (Pienso en 1 Cor. 5, 6:12-20, 7:1-6; 1 Tes. 4:3-5; Hebreos 13:4; etc.) No mencionar el sexo es pasar por alto un tema al cual la Biblia da mucha importancia.

(Error #2) Enseñar sin discreción - Siendo un asunto delicado y aun uno que puede excitar a otros de formas no sanas, es de suma importancia tener discreción al hablar de él, evitando las palabras crudas y conceptos sucios que la gente mundana ha ligado al acto. He conocido a predicadores que han causado gran daño a su testimonio al hablar indiscretamente de la cuestión. Pero, ¿cómo es posible hablar del sexo bíblicamente y a la vez evitar los campos de minas que rodean el tema? A continuación algunas sugerencias.

Sugerencias

(a) Consultar primero con los hermanos de la congregación. No es bueno sorprender a los hermanos al hablar de temas delicados en público. Conviene hablar primero con ellos acerca de la importancia de analizar los textos bíblicos relacionados con la cuestión y pedir sus sugerencias en cuanto a cómo hacerlo con prudencia. Pida sus oraciones.

(b) Usar a las hermanas para hablar con las mujeres jóvenes acerca de ciertos aspectos del tema. Tito 2:4,5 manda a las mujeres maduras a enseñar a las jóvenes y es con relación a este tema que más se debe tomar en cuenta esta exhortación. ¡Los varones no deben hablar del sexo en forma personal con las mujeres jóvenes!

Pero, para lograr este plan divino, las mujeres maduras tienen que prepararse y adiestrarse, esforzándose a ganar la confianza de las jóvenes, demostrándoles amor, teniéndolas en sus casas para orar y estudiar. Cristianas maduras, ¿qué están haciendo para poder enseñar a las jóvenes acerca de los principios bíblicos con relación al sexo?

(c) No entrar en áreas que la Biblia no menciona. No es la responsabilidad de la iglesia proveer enseñanza detallada en cuanto a la técnica sexual ya que la Biblia no la provee. He oído de algunos fracasos cuando cristianos han entrado en este y otras áreas que no son mencionadas en la Biblia. Lo que sí he hecho con mucha discreción con algunas parejas cristianas es recomendar libros de médicos acerca del tema desde la perspectiva bíblica (por ejemplo, *"El placer sexual ordenado por Dios"* por el doctor Ed Wheat). Pero con respecto a nuestra responsabilidad espiritual, es esencial limitarnos a analizar textos bíblicos con relación al tema, usando solamente terminología bíblica y principios bíblicos.

(4) Dar advertencias claras acerca del peligro de la pornografía (especialmente en el Internet), el sexo fuera del matrimonio, los toques y caricias no sanos, etc. (1 Cor. 6:18). Tenemos que enseñar continuamente acerca de estos peligros que están llevando a muchos cristianos, tanto a adultos como jóvenes, a la perdición. Los jóvenes necesitan que les demostremos mucho amor para ganar su confianza y para poder orar continuamente con ellos para ayudarles a evitar estas trampas satánicas. Muchas veces se logra más en cuanto a la enseñanza acerca de peligros sexuales con pequeños grupos compuestos solamente de jóvenes varones o solamente de hembras. Por más pequeño que sea el grupo, más confianza los participantes tienen para hablar de sus tentaciones y para buscar apoyo espiritual para combatirlas.

(5) Hablar del aspecto positivo del sexo dentro del matrimonio (Hebreos 13:4). Aunque tengamos que hablar continuamente del aspecto negativo del sexo (o sea, el fuera de matrimonio) a la vez es de igual importancia hablar de su aspecto bonito y bello dentro del matrimonio, donde el hombre y su esposa pueden gozarse mutuamente de lo que les lleva cerca al cielo. Pero, demos énfasis al hecho que esta bendición, como muchas otras, es algo que viene a los que se preparan y la esperan con mucha paciencia, después de mucha oración y dominio propio.

Que Dios nos ayude a aplicar bien su palabra y sus principios a este tema delicado pero de suma importancia.

El control natal

¿Qué dice la Biblia acerca del uso del control natal en un matrimonio cristiano? La Biblia no dice nada en forma específica, pero hay algunos principios que tienen que ver con el asunto.

Antes de dirigirnos a los principios bíblicos, es esencial notar que el control natal es un asunto de aplicación personal y nadie tiene derecho de exigir que otros sigan sus creencias personales en cuanto a él. Si hay diferencias, éstas deben ser tratadas con tolerancia según la enseñanza de Romanos 14.

Principios bíblicos

(1) Los hijos son una bendición del Señor (Salmos 127:3). Dios le dijo a Noé y su familia, "fructificad y multiplicaos y llenad la tierra." Es bueno que una familia cristiana tenga hijos y si pueden apoyarles económicamente y emocionalmente, muchos hijos. Aunque algunos se preocupan por el exceso de población del mundo, creo que jamás habrán problemas por haber demasiados niños creados en hogares cristianos.

(2) Hay que calcular los gastos antes de construir una torre (Lucas 14:28, 29). En este y otros textos Jesús habla de la importancia de "contar los gastos" antes de emprender cierto camino. Aunque Jesús tuvo en mente los gastos de ser discípulo, hay aplicación también para la familia.

He conocido a familias que no pueden pagar las necesidades de la vida, sin embargo siguen procreando un niño tras otro.

A veces tienen que acudir a la iglesia para socorrerles ya que no pueden sostener a tantos niños. Si no pueden pagar la comida y los gastos de tener muchos hijos deben hacer algo para no tener más. Es decir, ¡Deben ser responsables y calcular los gastos de la torre antes de construirla!

(3) El acto matrimonial no es solamente para la procreación [el tener más niños] (Hebreos 13:4; I Cor. 7:4,5). Durante la edad media, era común tener el acto físico del matrimonio como algo sucio, el cual debía ser tolerado solamente para la procreación de la raza. Este concepto erróneo quizás haya tenido que ver con el concepto que existe hasta hoy, que cualquier forma "artificial" de anticoncepción es pecaminosa.

La Biblia enseña que el acto físico del matrimonio es bueno y sano entre el marido y su esposa. Hace más fuerte los lazos entre ellos y debe ser apreciado y gozado, aun cuando no sea posible o conveniente la procreación de hijos.

Resumen y conclusión personal

En base de los textos mencionados, creo que es bueno tener hijos y si es posible, muchos hijos. No obstante, en ciertas etapas de la vida matrimonial, no siempre es conveniente procrearlos. Hasta en ese caso, el acto físico del matrimonio no debe ser descuidado. Un matrimonio cristiano puede por tanto, usar cualquier método anticonceptivo que no vaya en contra de los mandamientos divinos (por ejemplo, el aborto). Así pueden seguir con las relaciones divinamente aprobadas, sin tener que "construir una torre" sin los recursos para pagarla.

Substituyendo hijos, padres y maridos por cónyuges

Dios dijo, "Dejará el hombre a su padre y a su madre, y se unirá a su mujer, y serán una sola carne" (Génesis 2:24). Aunque no deje de amar a sus padres, el hombre debe llegar a ser una sola carne con su mujer. (No creo que la frase "una sola carne" tiene que ver solamente con el acto físico del matrimonio, sino con la unión de los espíritus y las voluntades de una pareja unida en matrimonio.) Es decir, la prioridad en la vida de algún casado, no debe ser los padres, ni los hijos, ni los hermanos (aunque por supuesto se debe amar a estos) sino el cónyuge.

A pesar de la enseñanza de Dios, se ven a muchos maridos y muchas esposas que substituyen a padres, hijos o hermanos por su cónyuge. Se nota pronto que quién (o quiénes) tiene prioridad en su vida no es su cónyuge sino el substituto.

• Algunos adultos tienen "mamitis" o "papitis" y acuden a sus padres y no a su cónyuge para el apoyo emocional. Cuando hay problemas, van a mami o cuando tienen que hacer una decisión importante, corren a papi. ¡No es la voluntad de Dios que así sea! El resultado es el distanciamiento entre la pareja, el cual resulta muchas veces en la separación y el divorcio.

- He visto a muchas madres que aman más a sus hijos que a su cónyuge. Pronto llega a ser obvio que el que tiene el primer lugar en su corazón no es el marido, sino los hijos. Como resultado, muchas veces los maridos son tentados a buscar cariño y atención con otras y caen en el adulterio. Pero la esposa en estos casos tiene parte de la culpa. Dar prioridad a los hijos como si fueran el marido es pecar en contra de los dos, hijos y maridos.

- Otros prefieren pasar tiempo con sus hermanos, tíos o hasta amigos mientras sus cónyuges reciben menos atención.

¿Qué hacer?

La respuesta se puede resumir en una palabra— el arrepentimiento. Los que substituyen a padres, a hijos o a otros familiares por su marido o esposa deben de arrepentirse. Deben de pedir perdón no solamente a Dios sino a todos los involucrados.

Oí a una señora contar de cómo ella había ido a sus padres y pedido perdón a ellos por haberles tenido como "marido" y no como "padres." Entonces, se esforzó mucho en buscar el apoyo emocional en su marido y no en sus padres.

Los padres deben ser tratados como padres, los hijos como hijos y otros familiares con el amor que merecen. Pero después de Dios, el cónyuge, sea marido o esposa, debe siempre tener la prioridad sobre todo en la vida de los cristianos casados.

(*De "Creced" 7/2002*)

Capítulo 3, Especialmente para el marido

Maridos, no sean ásperos con sus esposas

La Biblia enseña a los maridos a estar contentos con sus esposas. Después de advertir a su hijo del peligro del adulterio, Salomón dijo, "Bebe agua de tu cisterna y agua fresca de tu pozo - Sea bendita tu fuente y regocíjate con la mujer de tu juventud, amante cierva y graciosa gacela; que sus senos te satisfagan en todo tiempo, tu amor te embriague para siempre (Proverbios 5:15, 18-19 *LBLA*). Colosenses 3:19 dice, "Maridos, amad a vuestras mujeres y no seáis ásperos con ellas."

"¡Pero ella tiene defectos!"

Cada esposa tiene defectos y su marido no va a estar ciego a ellos. Debe tratar de ayudarla con ellos, pero esto no se logra con una actitud negativa o criticona, ni al compararla en forma desfavorable con otras mujeres ni mucho menos con amenazas y castigo. Si alguien quiere ayudar a su esposa con sus defectos, va a ser con sugerencias dadas en forma tranquila y objetiva, y éstas solamente después de elogiar sus buenas cualidades y en varias formas hacer que ella se sienta segura del amor de su marido.

"No juzguéis"

Jesús dijo, "No juzguéis para que no seáis juzgados" (Mateo 7:1). Aquí Jesús condena al criticón que siempre busca falta en otros. Es asombroso ver como una boda puede convertir a un hombre que no puede ver ninguna falla en su novia en uno que no puede ver nada bueno en su esposa.

Muchos hombres molestan o irritan demasiado de sus esposas, comparándolas con otras (o peor aún, con celebridades del cine o la televisión) y preguntando porque no pueden ser la mejor cocinera y ama de casa, la más elegante, la con la mejor línea, la que mejor sabe economizar y quizás aun la mejor cristiana. Es dudoso que cualquier mujer pudiera tener todas estas cualidades y si tal mujer existiera, ningún hombre la merecería. Después de las bodas ya no es tiempo para mirar a otras mujeres. Si usted no piensa comprar un auto, ¡aléjese de la sala de exposición!

"¿Y por qué miras la mota que está en el ojo de tu hermano, y no te das cuenta de la viga que está en tu propio ojo?" (Mateo 7:3) Muchos hombres deben apartar sus ojos críticos de sus esposas, para verse a sí mismos en el espejo. Algunos de los hombres menos atractivos son los que más se quejan que sus esposas están gordas o descuidadas en su apariencia. Otros gastan dinero como si fueran millonarios pero luego se quejan que sus esposas no saben economizar. Si nos fijamos en nuestras propias debilidades, quizás podamos ayudar mejor a nuestras esposas con las de ellas, o más probable aún, no las tomaremos tanto en cuenta.

¡Los misericordiosos alcanzarán misericordia!

¡Debe hacernos reflexionar el hecho de que según tratamos a nuestras esposas, así el Señor nos va a tratar a nosotros! La parábola de Mateo 18:23-25 nos advierte que el Maestro, a quién le debemos todo, nos tratará conforme a nuestro trato con otros. Si no somos misericordiosos con nuestros compañeros, ¡El no será misericordioso con nosotros! Aún más directo es 1 Pedro 3:7, "Y vosotros, maridos, igualmente, convivid de manera comprensiva con vuestras mujeres, como con un vaso más frágil, puesto que es mujer, dándole honor como a coheredera de la gracia de la vida, para que vuestras oraciones no sean estorbadas"(*LBLA*).

De todas las ayudas que Dios nos ha dado para ayudarnos a estar contentos, la oración es probablemente la más valiosa. Si nuestras esposas tienen debilidades, no hay mejor cosa que hacer que el presentarlas delante del Señor, pidiendo su ayuda para sobrellevar las cargas de ellas y las nuestras.

Salomón escribió, "El que halla esposa halla algo bueno y alcanza el favor del Señor." (Proverbios 18:22). Si nosotros como maridos no estamos de acuerdo con Salomón, quizás el problema se encuentre en nosotros mismos.

(*Por Sewell Hall, abreviado y adaptado un poco, de Creced 12/2009*)

El machismo

Características del machismo.

Entre los mundanos, el machismo se muestra en varias formas:

- El deseo para dominar y controlar a la mujer.
- El celo irracional
- Prohibiciones que no tienen sentido
- Un deseo de siempre ser servido.
- El abuso verbal: insultos y humillación
- El ver a la mujer como "objeto" o sea, como una posesión personal, en vez de una persona que merece respeto.
- El egoísmo
- La promiscuidad
- El abuso físico

Los sociólogos han escrito mucho acerca del "machismo" en la cultura latina, pero a fin de cuentas proviene sencillamente del egoísmo y la falta del amor.

En la iglesia del Señor

Aunque quizás no se ven mucho los aspectos más feos del machismo (el abuso físico y el adulterio) entre los cristianos, lamentablemente abundan las otras características entre algunos. Por ejemplo, se ve lo siguiente entre hermanos:

- Un predicador regañó a su esposa frente a otros como si fuera una niña insensata.

- Otro hermano estaba descansando en la cocina leyendo el periódico. No quiso levantar un dedo para prepararse un sándwich sino, llamó a la esposa quién estaba muy ocupada con una tarea en otra parte de la casa para que viniera y le preparara el sándwich.

- Algunos hermanos dejan casi toda la responsabilidad de criar los niños a la esposa. No cambian los pañales, no les bañan, no les alimentan, no les leen libros, no estudian la Biblia con ellos, etc. Dicen que todo esto es "trabajo de la mujer."

- Muchos hermanos se obsesionan sobremanera por cualquier ropa o prenda de la mujer que ellos no aprueban, sin embargo, ellos pelean con otros y pasan por alto los mandamientos de Cristo en cuanto a la mansedumbre y el amor. (Todos debemos preocuparnos por la ropa inmodesta, pero no para dominar o controlar a la mujer, sino para elevarla.)

Dos conceptos erróneos de "ser cabeza"

Es verdad que el hombre es cabeza de la mujer. Pero el concepto de "ser cabeza" en la mente de muchos cristianos es muy distinto al de Cristo.

(1) Como el ser "cabeza" del país significa el tener muchos servidores que le traen la comida, le llevan las maletas, le preparan todo, etc., así muchos hombres piensan que el ser cabeza del hogar significa que sus esposas deben ser servidoras corriendo aquí o allá trayéndoles la comida o el periódico, llevando sus cosas y consintiéndoles en otras formas.

(2) Piensan también que el ser cabeza les hace más importantes y les da derecho para gritar órdenes como sargentos: "tráeme la comida a las seis en punto," Te ordeno que no vayas," "Obedéceme, yo llevo los pantalones aquí."

Lo más triste es que algunos acuden a la Biblia, especialmente Efesios 5:22-24, para defender su machismo, pero Efesios 5 no apoya de ningún modo al machista sino lo condena.

La solución al machismo: tratar a la mujer como Cristo nos trata a nosotros

Efesios 5:23 dice, "el marido es cabeza de la mujer, **así como Cristo es cabeza de la iglesia.**" Hombres, debemos comportarnos como cabeza de la mujer tal como Cristo se comporta como cabeza de la iglesia.

¡Ser cabeza significa el servir, y no el ser servido! Jesús dijo, "El Hijo del hombre no vino para ser servido, sino para servir, y para dar su vida en rescate por muchos" (Mateo 20:28). Jesús demostró este concepto de servir como cabeza en muchos aspectos de su vida pero quizás en forma más dramática cuando lavó los pies de los apóstoles (Juan 13:1-20).

Varón cristiano, ¿usted acepta que el concepto de ser cabeza significa servir a su esposa y no ser servido por ella? ¿Qué tanto usted sirve a su esposa? ¿Cuándo o cada cuando usted prepara una comida para ella, le lleva el café a ella y le "consiente" a ella?"

Acepto que a la mujer le es dado en forma especial la responsabilidad de ser "cuidadosa de su casa" (Tit. 2:5) y que deba dedicar más tiempo para cumplir con esta responsabilidad. Pero este texto de ningún modo enseña que ella siempre tiene que servirle a él y nunca él a ella. Si el hombre ama a su esposa como a su propio cuerpo, le va a servir en toda forma en que pueda, inclusive en la cocina, con los niños y otras tareas en la casa.

La forma en que debemos juzgar si un hombre es buena cabeza de su hogar no debe ser, ¿cuánto es servido? sino, ¿hasta qué punto imita a Cristo y sirve a su esposa? ¡Ser cabeza significa guiar como el buen Pastor y no como sargento! ¿Cómo nuestra cabeza, Cristo, nos guía? Dijo en Juan 10:11, "Yo soy el buen pastor; el buen pastor su vida da por las ovejas."

¿Cómo un pastor guía a su rebaño? ¿Gritando órdenes y amenazas? El pastor guía a sus ovejas más que nada por su ejemplo y por la confianza que ellas tienen en él. La clave para lograr que las ovejas le sigan es que se den cuenta que tiene el bienestar de ellas en mente.

El marido que tiene que gritar órdenes y siempre protestar que "lleva los pantalones" no sabe nada de ser cabeza. Los maridos que en verdad son cabezas aprenden a guiar por su ejemplo y con palabras de amor. La clave para lograr esta dirección es que las esposas y la familia sean convencidas de que el marido los ama de todo corazón y que todo lo que hace es para el bienestar de ellos y no el de él.

Marido, si su esposa no se sujeta a usted, quizás el problema es que usted no haya logrado todavía convencerla de que usted la ama a ella como Cristo ama la iglesia. Para solucionar el problema, haga todo lo que usted pueda para convencer a su esposa de su amor. Hay pocas esposas que no responderán bien a este esfuerzo y que no se sujetarán de buena gana a un marido que las ame así. (Reconozco que algunas pocas esposas no responden bien a nada, pero debemos hacer el esfuerzo de convencerlas de nuestro amor de todos modos.)

El ejemplo de Jesús es lo que refuta completamente el machismo y los conceptos erróneos de lo que significa "ser cabeza." Varones, seamos cabezas como Cristo. Sirvamos a nuestras esposas y guiémosles como el buen Pastor nos guía a nosotros, con amor y gentileza.

Errores comunes de maridos cristianos

Es con mucha humildad que escribo esta serie de artículos porque sé que no soy "el marido perfecto." Mi esposa conoce bien mis fallas. No obstante, es esencial que analicemos los principios bíblicos para ser mejores maridos, para que nuestras oraciones "no tengan estorbo" (1 Pedro 3:7).

Muchos de los errores que vamos a notar en esta serie tratan del "machismo," un concepto social que algunos no erradican al llegar a ser cristianos. Otros tratan del egoísmo y el descuido.

(1) El no expresar el amor hacia la esposa.

La Biblia enseña que amemos a nuestras esposas como Cristo amó la iglesia y como a nuestros propios cuerpos (Efesios 5:25,28). Significa que vamos a dar el primer lugar a la esposa en todo, procurando el bienestar de ella y no el nuestro.

No solamente debemos tener el amor, ¡es muy importante que lo expresemos! ¿Cómo?

- **Con los labios:** Las palabras "te amo" son de suma importancia en un matrimonio. Son oídas mucho entre novios pero a veces después del matrimonio no se oyen tanto. La mujer necesita saber que es apreciada y es indispensable que expresemos muchas veces este aprecio. No basta, decir "ella sabe que la amo." ¡Hay que decírselo a ella muchas veces en el día!

- **Con las caricias:** Es muy importante tomar la mano de la esposa, abrazarla y poner el brazo alrededor de ella. Algunas hermanas han dicho, "mi marido me toca solamente cuando quiere el sexo." Si así es el caso, el marido ha fallado en gran manera. El tocar no solamente debe ser una parte del sexo entre marido y mujer, sino una expresión de cariño en cualquier hora del día.

En fin, ¡Hay que seguir ganando a la esposa! Antes del matrimonio, el novio siempre anda comprando regalitos para su novia, le dice cuanto la ama, le toma la mano, etc. ¿Y después del matrimonio? ¡Piensa ya haberla ganado! El cristiano va a seguir ganando a su esposa, comprándole regalos, dándole abracitos, y en otras formas expresando su amor.

(2) No tratar a la esposa con sumo respeto.

He visto a maridos "cristianos" que caminan frente a sus esposas, cierran la puerta en su cara y hablan a ellas como si no tuvieran nada de inteligencia. Tales "machistas" no saben lo que es el cristianismo, ni como ser verdaderos varones.

El varón cristiano va a poner a su esposa en un pedestal. Va a abrir la puerta para que ella entre primero y en otras formas mostrarle el respeto y el amor. Va a alabarla frente a otros (punto 3 abajo). Los hombres que así tratan a sus esposas son caballeros y ganan el respeto de sus hermanos y de sus compañeros en el mundo.

(3) El exagerar los defectos de su esposa y no fijarse en sus buenas cualidades.

No existe la esposa perfecta. Todas tienen defectos. La pregunta es, ¿cómo tratar los defectos? ¿Exagerarlos? ¿Proclamarlos a todos?

No hay nada más feo que el ver a un marido cuando publica los defectos de su esposa y trata de humillarla frente a otros. Si sube un poco de peso, él pregona que es "gordita." Se queja de la comida al decir, "no sabe cocinar" o le llama "boba" si se equivoca en algo. Este es el abuso verbal y no hay cobarde más desdeñable que el que abusa en forma verbal o física a su esposa.

El que exagera los defectos de su esposa y la humilla lo hace porque tiene mal estima de sí mismo. Tiene miedo que los demás le vean a ella como mejor que él y por lo tanto, quiere bajarla y humillarla para ser visto como superior a ella. Pero, el criticar públicamente a la esposa tiene el efecto opuesto. Revela que el marido criticón es un patán que no tiene confianza en sí mismo.

El amor "todo lo sufre" (I Cor. 13:7). Significa literalmente "todo lo cubre" (notita en *la Biblia de las Américas*). Algunos comentaristas piensan que la idea del texto es que el amor "cubre defectos" o sea, no habla de ellos para humillar a otro. El marido que ama a su esposa no va a hablar de sus defectos frente a otros, sino de sus buenas cualidades. Si es bonita, así va a proclamar a todo el mundo. Si cocina bien, así va a decir a otros. Si es buena madre, de esto va a hablar. Así puede seguir la regla de amor y asegurar un hogar feliz.

Cubramos los defectos de nuestras esposas frente a otros y hablemos de sus buenas cualidades. Así seguiremos el principio del amor, y tendremos hogares felices.

(4) No ser cabeza del hogar

"Porque el marido es cabeza de la mujer, así como Cristo es cabeza de la iglesia" (Ef. 5:23)

Algunos maridos no quieren aceptar responsabilidades. Se dejan llevar por la corriente y andan sin dirección, sin autoridad y sin propósito. Algunas hermanas lamentan, "Ojalá que mi marido aceptara sus responsabilidades como cabeza del hogar."

Al marido le toca establecer el orden en cuanto a estudios bíblicos, disciplina de hijos y otros asuntos de la vida cotidiana. La autoridad del hombre debe ser ganada por medio de su amor y conducta honrosa. Los egoístas que siempre tienen que hacer recordar a gritos a los demás que son ellos los que "llevan los pantalones," son hombres que en verdad no han aprendido a ganar el respeto por medio de la buena conducta y la dignidad. El que es verdaderamente cabeza de su hogar como Dios manda, no tiene que decir nada, ya que todos lo aceptan como tal sin palabra alguna de parte de él.

(5) No consultar con la esposa

Otros maridos son dictadores despóticos en su hogar, dando órdenes como sargentos. Si alguien cuestiona su severidad, contestan "Yo soy cabeza de este hogar." Pero los maridos no solamente son cabeza del hogar, sino deben amar a sus esposas como a sus propios cuerpos (Ef. 5:28). Significa que van a consultar con la esposa, haciendo decisiones en base del bienestar de ella. Los dos tienen que hablar y orar juntos para llegar a un mutuo acuerdo si es posible. Si los maridos no aman a sus esposas como Dios manda, no tienen derecho de reclamar sus derechos como "cabeza."

La cabeza del cuerpo tiene que "escuchar" los mensajes de dolor o satisfacción que le dan otras partes del cuerpo por medio del sistema de los nervios. Si la cabeza recibe una sensación de fuerte calor de la mano y ve a través de los ojos que hay fuego, ¡tiene que responder! Así el marido tiene que responder a la comunicación de su esposa e hijos porque el ignorar los sentimientos de ellos es buscar desastre en el hogar.

(6) No orar ni estudiar la Biblia con la familia

Quizás el error más grave de muchos padres cristianos es el no enseñar ni orar con sus familias. Sus hijos se crían ignorantes de la palabra de Dios. Algunos dicen, "mis hijos reciben clases bíblicas en las iglesia." Pero Dios no da a la iglesia local la responsabilidad fundamental de enseñar a los hijos sino a los padres. Son los padres y no las iglesias que son mandados a "criar a sus hijos en disciplina y amonestación del Señor" (Ef. 6:4).

Los padres deben arreglar un horario para tomar como cinco a quince minutos todos los días para leer porciones de la Biblia, o libros para niños con historias acerca de la Biblia. En esos minutos, se debe hacer muchas preguntas acerca de lo leído para que los niños aprendan acerca de los grandes hombres de Dios en la Biblia y cómo Dios actuó con ellos.

Luego, debe haber oraciones para que los niños aprendan este hábito.

Padres y maridos, ustedes alimentan a sus familias con comida física. ¿Qué clase de comida espiritual les provee?

(7) No ayudar con las tareas

Aunque en ciertas ocasiones algunos maridos no tengan mucho que hacer, y la esposa se encuentre muy atareada, no levantan un dedo para ayudar a ésta porque no quieren "contaminarse" con "trabajo de mujer."

Es verdad que las mujeres normalmente tienen más tiempo para ser "cuidadosas de su casa." (Tito 2:5) No obstante, si el marido ama a su esposa como su propio cuerpo (Ef. 5:28), le va a ayudar cuando pueda con las tareas, la limpieza, las compras, los alimentos, el cuidado de los hijos y ¡aún con lavar los platos!

No seamos maridos egoístas y machistas, sino maridos amorosos. Ayudemos a nuestras esposas con las tareas alrededor de la casa.

(8) No ayudar con los niños

Hay quienes piensan que la crianza de niños es "cosa de mujer." No ayudan con la disciplina, la enseñanza, los baños, con nada. Así pierden una de las grandes bendiciones de ser padre y cargan a sus mujeres con demasiada responsabilidad. En poco tiempo sus hijos son grandes y se casan sin tener fuertes lazos con sus padres ya que sus padres no han pasado mucho tiempo con ellos.

Padres, la Biblia nos da a nosotros la responsabilidad de criar a hijos a nosotros igual como a las madres (Ef. 6:4). Participemos con todo: la disciplina, la alimentación, los baños y sí, con el cambiar los pañales.

(9) No dar dinero a la esposa

A algunas esposas, nunca se les da nada de dinero para gastar en sus necesidades personales. Si la esposa no está contenta con los fondos que están a su disposición se le puede dar un "subsidio." Al hacer el presupuesto para la familia, o sea, los planes económicos para el mes (o la semana), se puede poner aparte algo aunque sea un poco (aparte de la comida) para el uso de ella, dinero que puede gastar en regalos, dulces o lo que ella quiera. El marido y la esposa pueden determinar de antemano, cuánto se le puede dar. El marido no debe tener voz ni voto en como ella gasta su "subsidio." Es para ella.

Los maridos tacaños no practican "la regla de oro" (Mateo 7:12) ni aman a sus esposas como sus propios cuerpos (Ef. 5:28). Al mismo tiempo las esposas deben economizar, evitar la codicia y controlar el deseo para tener lujos irresponsables. También ella debe entender que en ciertos tiempos de escasez, quizás sea necesario hacer ajustes a su "subsidio."

(10) Descuidar de las necesidades físicas

Aunque es un tema delicado, la Biblia habla de la responsabilidad del marido a proveer las necesidades sexuales de su mujer. Dice Pablo en I Corintios 7:3-5, "El marido cumpla con la mujer el deber conyugal... La mujer no tiene potestad sobre su propio cuerpo, sino el marido; ni tampoco tiene el marido potestad sobre su propio cuerpo, sino la mujer. No os neguéis el uno al otro, a no ser por algún tiempo de mutuo consentimiento..."

(a) El marido va a preocuparse más por la satisfacción de su esposa que la suya. La mujer no se estimula de igual forma que el hombre. La mujer necesita mucho más tiempo que el hombre y mucho cariño y ternura. Es importante que el marido se preocupe por su higiene y su conducta con la mujer, tomando en cuenta las diferencias que Dios ha hecho entre hombre y mujer.

El marido machista y egoísta no toma en cuenta estos puntos. Procura su propia satisfacción y si logra ésta en algunos pocos minutos, allí termina todo. El marido que es buen cristiano es paciente y se preocupa por su esposa. Se educa y habla con ella en cuanto a cómo satisfacerla. Toma su tiempo, mucho tiempo si es necesario. Así demuestra el verdadero amor que Dios le manda.

(b) Evitar largas separaciones. El marido que deja a su mujer por largo tiempo no puede satisfacerla y él mismo corre peligro de tentación.

(c) Le trata bien durante todo el día. Hay maridos quejones que regañan y critican todo el día: "Tú eres gorda." "Tú eres boba." "No sabes nada." Luego, al llegar la noche, quieren que sus esposas respondan en forma física, cosa imposible para la pobre mujer quién ha soportado toda clase de insulto durante el día.

Para que la esposa sea feliz en todo aspecto, es muy importante la alabanza y el cariño durante todo el día. No se olvide de pequeños gestos de ternura: el tomarle la mano, los abrazos, los besitos, etc. De vez en cuando conviene comprarle regalos como flores, chocolates o lo que sea. Si ella se equivoca en algo, mejor no exagerarlo. Así ella estará feliz y le será más fácil disfrutar el aspecto físico del matrimonio.

Como hemos dicho en artículos anteriores, la relación matrimonial puede ser lo más cerca que llegamos en este mundo al cielo, o lo más cerca que llegamos al infierno. Todo depende de cómo ponemos en práctica los principios bíblicos que Dios nos da en Su palabra.

(De "Creced" 12/93)

Maridos, ¿estamos atendiendo estas necesidades?

Necesidades de las esposas

Un consejero evangélico, William Harley, habla de las cinco necesidades que más tienen las mujeres en el matrimonio. Al leer su lista, me di cuenta que todas provienen de la Biblia. Los maridos dadores que quieren tener esposas felices se esforzarán grandemente en proveer para estas sus necesidades, aunque no sean las mismas que tienen los hombres. A continuación presentamos la lista:

#1: El aprecio y el cariño (1 Pedro 3:7) Las esposas quieren ser queridas y que los maridos siempre expresen este amor para con ellas en muchas formas. Pedro dice que el marido debe dar "honor a la mujer como a vaso más frágil." (1 Pedro 3:7) La palabra "vaso" significa literalmente un vaso de gran valor, pero muy frágil. Así la esposa es de gran valor y el marido debe dejarlo saber esto, mostrándole mucho cariño con sus palabras y acciones. A la vez debe tener sumo cuidado para no herir a su esposa con palabras duras, el sarcasmo o las críticas. Las mujeres son frágiles y los maridos no deben ser como sargentos con ellas sino como pastores, guiándolas y amándolas. Así sus oraciones no tendrán "estorbo." (1 Pedro 3:7)

 # 2: La conversación (Efesios 5:23) Como la cabeza siempre se comunica con los brazos, las piernas y otras partes de su cuerpo, así el marido siempre debe comunicarse con su esposa. Aunque esté cansado, siempre toma el tiempo para revisar los eventos del día, las decisiones que tienen que hacer, la disciplina de los niños, la Biblia, la iglesia y muchos otros puntos. Los maridos encerrados que nunca quieren hablar con la esposa, fallan grandemente delante de Dios y en su matrimonio, produciendo con su apatía la frustración y la tristeza.

#3: La honestidad y la franqueza (Efesios 4:25) La mentira y el engaño tumban a los matrimonios. Cuesta mucho tiempo volver a establecer la confianza en un matrimonio después de alguna mentira. Maridos, siempre digan la verdad y hablen con amor de sus sentimientos. Pidan la ayuda de ellas y oren a Dios juntos acerca de todo.

#4: La seguridad económica (1 Tim. 5:8): Aunque las mujeres no deban ser materialistas ni querer cosas finas, es razonable que deseen la estabilidad económica. Dios les ha hecho con una gran sensibilidad en cuanto a la seguridad de su familia y su hogar (su "nido"). Significa que el marido va a trabajar fuertemente para proveer para los suyos (2 Tes. 3:10) adiestrándose y educándose lo mejor que pueda para trabajar con sus manos o con su mente, ganando así el pan de cada día. No va a malgastar el dinero de la familia en juguetes para sí mismo, sino va a tener cuidado y discreción.

#5: La dedicación a la familia (Ef. 5:22,23) Jamás fue la intención de Dios que los padres dejaran la crianza de los niños a las madres sino que participaran en la crianza de ellos "en disciplina y amonestación del Señor." (Efesios 6:4) Significa que van a ayudar con los estudios bíblicos con los niños, la disciplina de ellos, la alimentación de ellos y ¡aun cambiando los pañales!

Los padres machistas que están lejos de la familia, pierden mucho por su egoísmo y frialdad. Los padres que participan en la crianza de los niños y la atención del hogar, reciben tremendas bendiciones. ¡Una de las más grandes es la satisfacción y el amor de las esposas!

Conclusión - Aparte del conocimiento de Dios, lo que trae más alegría al hombre es el amor de su esposa y de su familia. A fin de cuentas, estas dos cosas son compañeras. ¡Van juntos! Por tanto es de suma importancia que atiendan estas, las cinco necesidades más grandes de sus esposas en el hogar.

(de "Creced" 3/2001)

Capítulo 4, Especialmente para la esposa

"Un espíritu manso y apacible"

"Un espíritu manso y apacible que es de grande estima delante de Dios." (1 Pedro 5:3)

El espíritu "manso y apacible" que Dios quiere para la mujer está bajo fuerte ataque en la cultura del siglo XXI. Satanás quiere reemplazarlo con uno agresivo, brusco y masculino.

La propaganda de la prensa

En este país, los Estados Unidos, hace como diez años comenzaron a aparecer mujeres estridentes en la televisión como la Jueza Judy, y Rosie O'Donnell. Esta última se ha declarado ser lesbiana. Lamentablemente lo que comienza en Sodoma (los Estados Unidos) llega pronto a Gomorra y por tanto hemos llegado a ver a la juez Ana María Polo, Laura Bozzo, María Celeste y otras parecidas gritando órdenes y regañando a sus invitados con voces recias y masculinas. Aunque me dicen que algunas de ellas ayudan a individuos pobres, también promueven la masculinidad y la agresión en las mujeres jóvenes.

Los resultados

Como resultado de los esfuerzos para hacer que la mujer sea más masculina, vemos menos gentileza en nuestra cultura.

Los hombres - Hace siglos que los varones se han dejado engañar por la idea satánica que es bueno ser agresivo, macho, exigente y egoísta. Dios ha usado las mujeres con espíritus "tiernos y tranquilos" (*LBLA*) para civilizar a los hombres, dejándoles saber que si quieren gozarse de los beneficios de una buena vida hogareña, tienen que portarse bien, aprender el dominio propio y tratar a otros con gentileza y respeto.

Pero ahora, ¡las mujeres se están dejando engañar por la misma mentira que hace siglos ha engañado al hombre! Piensan que para alcanzar una vida significativa, tienen que mandar a otros, ser agresivas y en otras formas dominar a su prójimo. Por tanto, la cortesía, la amabilidad y la gentileza, cualidades que forman la base de la civilización, se están perdiendo. Nos gritamos unos a otros, nos desafiamos y hacemos listas de exigencias para conseguir lo que queremos. La pérdida de la civilización se puede atribuir en gran parte al rechazo a Dios y como resultado de la pérdida del espíritu tierno y tranquilo en la mujer.

Los niños son los que más sufren cuando sus madres no quieren ser tiernas y amables, sino dominantes y exigentes. En este país, los Estados Unidos, muchas madres pasan poco tiempo con sus hijos, y cuando lo hacen, están frustradas y enojadas. Los niños llegan a ser inquietos y rebeldes y siguen el mismo ciclo con sus propios hijos. ¿Dónde están las madres tiernas y amorosas? Demos gracias a Dios por las que quedan.

¿Qué es un espíritu manso y apacible?

"Manso" – La *Nueva Versión Internacional* traduce la palabra griega (*PRAUS*) "suave," y *La Biblia de las Américas* la traduce "tierno." No implica la debilidad sino una disposición pacífica que viene de la fuerza.

Un perro grande y fuerte como un San Bernardo no tiene que ladrar siempre para ganar el respeto. Su tamaño le da confianza y por tanto, mansedumbre. Son los chihuahuas y pekineses, perritos chiquitos, que siempre ladran debido a su inseguridad. Así la cristiana que en verdad es fuerte no tiene que "ladrar." O sea, no es regañona, criticona ni trata de enderezar a otros con su voz aguda. Su mansedumbre y ternura viene de su carácter, de su confianza en Dios y de su fuerza interior. Endereza a otros por su ejemplo de pureza y sus palabras amorosas, no por sus regaños ásperos.

"**Apacible**"- Vincent, un hombre que escribió un estudio de palabras griegas, dice que esta palabra implica el "estar alejado de perturbaciones ajenas." La mujer cristiana que desarrolla bien este espíritu no está afanada por lo que ella no puede cambiar. No anda afanada diciendo, "Los terroristas van a atacar aquí," "no hay bastante dinero," o, "va a haber un gran terremoto." Aprende a confiar en Dios para ayudarle a soportar lo que no puede cambiar. Con este espíritu apacible, ayudan a sus familias y a los hermanos a confiar en Dios.

¿Cómo desarrollar este espíritu?

Es fácil decir que la mujer cristiana debe tener un espíritu tierno y tranquilo. (Los hombres también deben procurar tener lo mismo. [Mateo 5:5; Col. 3:12; 1 Tim. 6:11, etc.]) ¡Lo difícil es actualmente llegar a tenerlo! ¿Cuáles son algunas sugerencias que pueden ayudar?

(1) Pedir ayuda de otros - Las esposas pueden pedir a sus maridos o a cristianas maduras que les avisen si comienzan a hablar en forma fuerte o aguda o cuando se afanan demasiado.

(2) Imitar a otras mujeres que han logrado tener este espíritu - Dios usó a Sara como ejemplo (1 Pedro 3:5,6) y hay buenos ejemplos en casi cada congregación del Señor.

(3) Dar énfasis al desarrollo de este espíritu en nuestras hijas - Podemos decirles que la alegría y la vida eterna no llegan por ser recias, sino por ser como Dios quiere, mansas y apacibles.

(4) Cuidado con los regaños - El regaño normalmente no acompaña al espíritu manso y apacible. La mujer con espíritu manso y tierno puede ayudar a otros con sugerencias amorosas y preguntas discretas.

(5) Cuidado en los estudios bíblicos - Las cristianas pueden contribuir mucho al estudiar la Biblia con otros, haciendo preguntas y breves comentarios con su espíritu de ternura y tranquilidad. Sin embargo, a veces son tentadas a ponerse recias y predicionas al hacer sus comentarios, violando así los principios de 1 Pedro 5:3 y otros textos más. Si a una hermana (o a un hermano) le cuesta participar en un estudio bíblico con espíritu manso y apacible, es mejor no decir nada.

(6) Orar - Todos los días debemos pedir a Dios a ayudarnos a desarrollar el espíritu que Él quiere que tengamos. Oremos por nuestras hijas, aun frente a ellas, pidiendo la ayuda de Dios en sus vidas.

Bendiciones

Las mujeres con espíritus mansos y apacibles dan grandes bendiciones en su hogar y en la iglesia. Contagian a todos los que están alrededor de ella con su confianza y seguridad en Cristo. Sanan las heridas, apaciguan a los inquietos e infunden amor y paz alrededor de ellas. Demos las gracias por las que conocemos e imitemos su ejemplo.

Necesidades de los maridos

En el último artículo del capítulo anterior analizamos las cinco necesidades más grandes de la esposa en el matrimonio, según el consejero "evangélico," William Harley: (1) el aprecio y el cariño, (2) la conversación, (3) la honestidad y la franqueza, (4) la seguridad económica y (5) la dedicación a la familia. Notamos que Dios habla de todas estas necesidades en la Biblia. Así es con las necesidades del marido las cuales analizamos en este artículo:

(1) Satisfacción sexual (1 Corintios 7:1-5) Dios ha creado al hombre diferente que la mujer y sus deseos físicos son diferentes que los de ella. Por tanto Dios nos dice: "La mujer no tiene potestad sobre su propio cuerpo, sino el marido, ni tampoco tiene el marido potestad sobre su propio cuerpo, sino la mujer. No os neguéis el uno al otro…"

Cuando hay verdadero amor en el matrimonio, la pareja se preocupa más por la satisfacción del otro en cuanto a las relaciones físicas. Las esposas cristianas deben comprender esta necesidad de su marido, la cual es diferente a la suya.

Conozco a una hermana muy prepotente que dijo a su madre, "estoy demasiada preocupada con otras cosas para preocuparme por relaciones con mi marido." Tal hermana no comprende a los varones y no ama a su marido. Viola 1 Corintios 7:1-5.

(2) El compañerismo. A los maridos cristianos les gusta que sus esposas demuestren interés en su trabajo, sus pasatiempos y en todo lo que hacen.

Antes de casarse, las señoritas demuestran mucho interés en las actividades de sus novios. Si a éstos les gusta el basquetbol, ellas tratan de aprender algo de este deporte. Si a sus novios les gusta ir al campo y gozarse en medio de la naturaleza, ellas siempre les acompañan de buen gusto. Si a los novios les gusta hacer cosas con las manos, las novias dicen que son las cosas más bonitas que jamás han visto en sus vidas.

Pero, muchas veces esta actitud desaparece después de las bodas. Las esposas ya no quieren oír del basquetbol o dicen que ya no quieren ir al campo porque no les gustan los zancudos, las culebras o lo que sea. Se ponen aburridas con las mismas cosas que les encantaron cuando eran novios. Las esposas tienen que amar a sus maridos (Tito 2:4) y significa que van a seguir demostrando interés en lo que interese a sus maridos, aun después de las bodas, para poder ser buenas compañeras para ellos.

(3) Esposa atractiva. En el Cantar de los Cantares de Salomón, éste demuestra un gran aprecio por la apariencia atractiva de su amada, y así son todos los hombres. Creo que los varones deben leer los Cantares para aprender el romance, pero las esposas deben leer el libro para aprender la importancia de presentarse bien y en forma romántica a su marido. Por supuesto, la esposa no tiene que ser perfecta, "una de 10 puntos," pero todas las mujeres pueden ser bonitas si prestan atención a su forma de vestirse y arreglarse. Si andan siempre desarregladas y mal vestidas, no toman en cuenta los principios de amor y de los Cantares de Salomón.

(4) El apoyo emocional. Dios hizo a la mujer para ser "ayuda idónea" para el varón (Génesis 2:18). A pesar de la ilusión de autosuficiencia que presenta el machismo, los varones necesitan mucho el apoyo de sus esposas. Necesitan que les escuchen con simpatía al hablar de sus problemas, que les consuelen y que les motiven con palabras amorosas. Las mujeres que procuran apoyar a sus maridos con los desafíos de la vida son las que son muy queridas y apreciadas. "En ella confía el corazón de su marido"(Prov. 31:11). Por otro lado, las que critican a sus maridos y tratan de humillarles, no van a tener matrimonios felices.

(5) La admiración (1 Pedro 3:6). Todo hombre tiene sus defectos pero también sus fuerzas. Hay dos caminos frente a los defectos y las fuerzas: (1) hablar mucho de ésos y poco de ésas, o (2) vice versa. La mujer cristiana esconde los defectos de su marido y le alaba mucho por sus fuerzas. Dice, "es el mejor carpintero del barrio," o, "los ojos más bonitos," "es muy buen mecánico," o lo que sea. Todos ven que ella admira las fuerzas de su marido. Siempre demuestra esta admiración cuando andan de novios, pero a veces después del matrimonio, terminan las palabras bonitas.

Las buenas esposas ganan a sus maridos no solamente antes de las bodas, sino siguen ganándoles por 10, 20, 30, 50 años y por toda la vida. Las sabias van a prestar mucha atención a estas cinco necesidades más grandes del hombre en el matrimonio.

(*de "Creced" 5/2001*)

Responsabilidades de la esposa

1. Amar al marido

Hace siglos que la mujer ha sido civilizadora del mundo. Aunque el varón ha tenido la tendencia para rondar el globo buscando aventuras y conquistas, la mujer se ha esforzado en controlarle haciéndole recordar el contentamiento de la paz y la vida familiar.

En los últimos 25 años demasiadas mujeres han dejado su papel y se han engañado de igual forma que muchos varones llegando a pensar que la felicidad no proviene de la familia y el servicio a otros, sino del mandar, ser jefas y ganar mucho dinero. Quieren copiar los excesos más feos de los varones, abandonando el hogar y dejando sus familias sin sus civilizadoras.

La mujer cristiana no se engaña por la propaganda superficial del movimiento de la liberación femenina. Ella sabe que la verdadera felicidad proviene no por tener las metas huecas del egoísmo y materialismo, sino por el servicio a su familia y a otros.

En esta serie vamos a estudiar algunos principios divinos que ayudan a la mujer a ser buenas esposas y así alcanzar la felicidad y el cielo.

Dios manda el amor

Al hacer este punto, hay objeción de algunas mujeres que afirman que es imposible mandar sobre el amor. Dicen, "mi marido es machista y no demuestra nada de cariño. Me humilla y me trata como si fuera un animal. Dios me está mandando lo imposible porque no puedo amar a este vago."

La confusión viene al confundir muchos el amor con el cariño. Dios no manda el cariño, pues es imposible mandar esta clase de amor emocional, pero sí manda el amor (*ágape* en el griego) el cual tiene un interés en el bienestar del otro y el deseo para procurar su felicidad. Y sí, se puede amar aun a un "vago irresponsable" en este sentido. Recuerde usted que debemos amar aun a nuestros enemigos, Mateo 5:44.

Como la meta del hombre debe ser el hacer que su mujer sea feliz en todo, así la mujer que ama a su marido va a dedicarse a hacerle feliz, "consintiéndole" en el sentido bueno, dándole la comida que le guste, sorprendiéndole con regalos y procurando su alegría en todo.

El amor, el tener interés en el bienestar del otro, es la base del matrimonio. Si al entrar en un matrimonio, el marido y la mujer tienen como meta no el hacer feliz a sí mismos, sino el hacer feliz al otro, el matrimonio va a florecer. Pero si el egoísmo se mete en el matrimonio y la meta de uno de los partidos llega a ser el hacerse feliz a sí mismo, habrá problemas. Pero, aunque un partido no responda como debe, Dios todavía manda el amor, el cual puede reparar los matrimonios dañados y si no, al menos ayudar al partido amoroso a ir al cielo.

Responsabilidades de la esposa

2. La sujeción

Dios manda a las esposas a sujetarse a sus maridos (Ef. 5:22; Tito 2:5; I Pedro 3:1) La palabra "sujetarse" en el Nuevo Testamento es un término militar que significa ponerse debajo de la autoridad de otro.

No implica la inferioridad

Aunque para el mundo la sujeción implique la inferioridad, para Dios no es así sino al revés. La sujeción implica la superioridad.

• "Pero muchos primeros serán postreros y los postreros primeros" (Marcos 10:31).

• "El que quiera hacerse grande entre vosotros será vuestro servidor" (Mateo 20:27)

• Jesucristo se sujetará al Padre (I Cor. 15:28) sin embargo es Uno con El (Juan 10:30).

• Jesús se sujetó a los apóstoles lavándoles los pies demostrando así que la verdadera grandeza consiste en servir (Juan 13:4-16).

• Los hijos deben sujetarse a sus padres (Ef. 6:1,2). Jesucristo no era inferior a sus padres pero se sujetó a ellos (Lucas 2:51).

- Para Dios, el hombre no es más que la mujer (Gal. 3:28).

¿Qué implica?

- La mujer acepte las decisiones de su marido.

- No sea regañona ni criticona. Los regaños normalmente no traen los resultados deseados sino peleas y resentimiento.

- No critique al marido frente a otros. Arregle sus problemas con él en privado.

- No lleve los problemas del hogar a "mami" o a "papi." Ya usted ha dejado a padre y madre y ahora es necesario sujetarse a su marido (Gen. 2:24).

¿Qué de los maridos egoístas?

Es fácil que la mujer se sujete al marido cuando éste es cristiano fiel y obedece los mandamientos de Dios, amando a su esposa como Cristo amó la iglesia (Ef. 5:25). En tal caso, el marido cristiano hace todo no por su propio bienestar sino el de su esposa.

Pero desgraciadamente muchos maridos no siguen los preceptos de Dios y son egoístas. Para las mujeres de tales hombres, la sujeción es mucho más difícil.

I Pedro 3:1,2 habla de cómo las mujeres pueden ganar a sus maridos inconversos sin palabra por medio de su buena conducta. La mayor parte de los hombres, aun los mundanos, responden en forma positiva a "la conducta casta y respetuosa" de sus esposas. Pero aunque no fuera éste el caso, las mujeres deben sujetarse a los maridos, así ganando la admiración de otros y mayormente de Dios.

Casos extremos

"Si mi marido me prohíbe ir a las reuniones de la iglesia y servir a Dios en otras formas ¿qué debo hacer?" preguntan algunas hermanas. En esta situación delicada, creo que la mujer debe hacer todo lo posible para agradar a su marido para luego decirle que se sujeta a él en todo, menos cuando él prohíba su servicio a Dios. Entonces si es posible, debe ir a los servicios.

"Si mi marido me golpea a mí y a los hijos, ¿tengo que sujetarme a él?" La Biblia no habla específicamente de este caso, pero creo que el principio de defensa propia se aplica aquí. Creo que si hay violencia la mujer puede apartarse un poco de tiempo (sin divorciarse en forma permanente porque el adulterio es la única causa que Dios reconoce para este acto) para ayudar a su marido a aprender el dominio propio.

Los extremos tristes que algunas cristianas tienen que soportar deben enseñar algo muy importante a las jóvenes y solteras. ¡Nunca se casen con un hombre egoísta o inestable, sino solamente con un cristiano amoroso a quién pueda sujetarse de buena gana! ¡Es mejor ser soltera por toda la vida que comprometerse en el matrimonio con un hombre egoísta que no tema a Dios!

Resumen

La sujeción, aunque no siempre es fácil, en el fin produce hogares felices y ordenados y de más importancia la vida eterna.

(de "Creced" 8/94)

Responsabilidades de la esposa

3. Animar a sus maridos

- "Mi marido no gana bastante dinero."

- "Mi marido es demasiado gordo. Cuando nos casamos era delgado y bien parecido."

- "Yo soy más inteligente que mi marido. No sé porque me casé con él."

- "Yo podría haberme casado con Fulano y mire como él ha tenido éxito en la vida. Es médico. En comparación con él, mi marido es un fracaso.

A veces se oyen esposas que hablan así de sus maridos, tratando de humillarles con sus críticas.

Las esposas que siguen los principios bíblicos de amor y sujeción (Ef. 5:24,25; Tito 2:4) saben que así no tumban a sus maridos, sino les alaban y les animan.

Los siguientes puntos pueden ayudar a las esposas a animar a sus maridos:

(1) No exagerar sus defectos al hablar con otros sino esconderlos. No existe tal cosa como un marido sin faltas. La esposa tiene dos caminos frente a sus defectos: (1) Proclamarlos a otros y obsesionarse por ellos, o (2) Esconderlos y aprender a vivir con ellos. La mujer cristiana toma el segundo camino. Si habla de los defectos de su marido con otro es con suma discreción y para ayudarle, no para humillarle.

(2) No comparar al marido con otros hombres.

- "Fulano siempre compra regalos para su esposa. Tu nunca me compras nada."

- "Zutano tiene un programa de ejercicio y se mantiene delgado y fuerte. Tu eres gordo y feo. Ojalá fueras como Zutano."

Las comparaciones no favorecedoras no motivan a maridos (ni esposas), sino producen el rencor. Hay que saber motivar al cónyuge con tacto y si esto no es posible, debe aprender a vivir con sus faltas. Por ejemplo, en casos como el primero dado arriba, en vez de quejarse de que su marido nunca le compra regalos, una esposa que tiene tacto le compra unos regalos para él. Así él aprende del ejemplo de ella el gozo que puede provenir de los regalos, sin palabra alguna. (Recuerde I Pedro 3:1,2,)

(3) Alabar al marido por sus buenas cualidades. Si tiene buen sentido de humor, alábele por esto. Si arregla bien la casa, dele las gracias. Cuando dirige himnos o la oración, anímele por hablar de lo que habría hecho bien. Busque formas en que pueda alabarle y expresarle su agradecimiento a él. Si así usted le trata a él, es probable que así aprenda a tratarle a usted.

Las palabras agrias y sarcásticas producen tristeza, y tumban matrimonios. Pero las palabras de alabanza y amor producen felicidad y matrimonios alegres. No cuestan nada, pero dan grandes bendiciones.

"Manzana de oro con figuras de plata es la palabra dicha como conviene." (Prov. 25:11).

Responsabilidades de la esposa

4. Estar contenta con lo que tiene

"Así que, teniendo sustento y abrigo, estemos contentos con esto" (I Tim. 6:8).

Esposas materialistas

- Tienen que tener ropa nueva y de una marca costosa. Se niegan a ponerse la ropa usada o regalada (o aun la ropa nueva en oferta) aunque sea limpia y de buena condición.

- Se niegan a economizar con muebles usados o con comida económica.

- Siempre se comparan con los que tienen más bienes materiales que ellas y echan la culpa al marido por no ganar bastante dinero para vivir con más lujo. Nunca se fijan en los que tienen menos.

- No dan a los que tienen menos que ellas porque piensan que son demasiado pobres. No son como los cristianos de Macedonia (II Cor. 8:2).

- Estiman a sí mismas no en base del servicio que dan para otros, sino en la cantidad de lujos que poseen, la marca de ropa que llevan y el nivel social que han alcanzado.

- Al no tener lo mismo que otros tienen, se ponen deprimidas y se sienten inferiores.

Debido a actitudes materialistas como éstas los hogares de mujeres egoístas se llenan de disputas y riñas ya que ellas nunca están satisfechas. Pelean con sus maridos y les acusan injustamente. En vez de ser un lugar cerca del cielo, los hogares de ellas se convierten en vestíbulos del infierno.

Soluciones

El marido debe estar seguro de que la esposa tenga dinero para comprar sus cosas. Pero la esposa tiene la obligación de no ser materialista. Algunas sugerencias como las siguientes pueden ayudar:

(1) Aprender a dar a otros. Aunque no sea "rica," la mujer cristiana puede dar su tiempo (llamadas telefónicas, visitas, notas) y aun de sus bienes materiales (comida, ropa, dinero) a los que tienen menos. Así descubre dos principios importantes: (a) Es bueno fijarse en los que tienen menos, en vez de los que tienen más y (b) la verdadera alegría proviene del dar a otros y no del recibir (Hechos 20:35).

(2) Aprender a economizar. Se puede conseguir muchos bienes usados los cuales nos sirven muy bien. La mujer virtuosa de Proverbios 31 fabricaba mucha ropa y se esforzaba en conseguir la comida en forma económica (vs. 13, 14, 16, 18, 19, 22, 24). Las mujeres cristianas deben imitarla hoy.

(3) Aprender que el gozo viene por lo que uno es, no por lo que tiene. Algunas de las mujeres más felices y respetadas que he conocido han sido hermanas con pocos recursos económicos pero con mucho amor y fe. Son felices y tienen una buena estima de sí mismas porque han aprendido a preocuparse por los demás. Sirven a otros en vez de buscar ser servidas.

"Mujer virtuosa, ¿quién la hallará? Porque su estima sobrepasa largamente a la de las piedras preciosas... Engañosa es la gracia, y vana la hermosura; La mujer que teme a Jehová, ésa será alabada. Dadle del fruto de sus manos, y alábenla en las puertas sus hechos." (Prov. 31:10:30,31)

Responsabilidades de la esposa

5. Ser cuidadosa de su casa

Hace días que hay platos y vasos sucios en la pila de la cocina de la familia X. La basura se encuentra por todas partes y las cucarachas tienen una gran fiesta todas las noches.

La hermana X dice que tiene que trabajar todos los días y al terminar su trabajo, tiene citas con algunos clubes de mujeres. Según ella, es esencial ser miembro de estos clubes para que su negocio vaya bien. El marido dice estar demasiado cansado para trabajar en la casa después de pasar un día duro en su trabajo y por tanto no hace nada.

La hermana Q le gusta mirar la televisión. Mira un programa tras otro y sabe lo que está pasando en todas las telenovelas. Su casa está muy sucia y sus hijos preparan la comida porque ella dice estar cansada.

Las hermanas que viven en tales hogares (y sus maridos también) deben analizar bien las instrucciones divinas acerca de que las mujeres sean "cuidadosas de sus casas" (Tito 2:5).

Ser cuidadosa de su casa significa el dar mucha atención a los asuntos domésticos. Esta prioridad requiere mucho trabajo, no solamente con la limpieza, sino de más importancia, con la atención a los hijos y el marido.

El movimiento de la liberación femenina

El movimiento de la liberación femenina se burla del concepto que la felicidad proviene mayormente de la familia y del hogar. Los hombres se han engañado hace siglos por el "machismo," pensando que la felicidad proviene del abandono del hogar, del mandar a otros, de tener una carrera impresionante o de ganar mucho dinero. Ahora muchas mujeres egoístas, motivadas por el movimiento de la liberación femenina, se están engañando con la misma mentira y por tanto están abandonando el hogar y el papel doméstico para buscar su fortuna y felicidad en los negocios y el materialismo. Imitan a los "machistas" y como ellos, llegan a tener vidas huecas y vacías, decepcionándose al envejecerse por no haber llegado a saber nunca el propósito verdadero de la vida.

¿Es pecado que la mujer trabaje fuera de la casa?

No creo que nada en Tito 2:5 ni ningún otro texto prohíba en sí que la mujer trabaje fuera de la casa. A veces, debido a varias circunstancias la mujer tiene que trabajar para otros.

Aunque Tito 2:5 no sea una prohibición en sí de trabajar la mujer afuera del hogar, sí prohíbe el dar más importancia a la carrera que al hogar. Aunque tenga que trabajar para otros, la prioridad de la mujer cristiana debe ser el servicio a su familia. Una mujer que tiene que trabajar en el mundo tendrá que redoblar sus esfuerzos para atender a sus hijos y a su hogar, ya que tiene menos tiempo para hacerlo.

Lo más triste cuando una mujer tiene que trabajar afuera es el descuido de la crianza de sus hijos. Quizás hayan familiares (abuelos, tíos, etc.) que puedan ayudar, aunque no es responsabilidad de los abuelos criar a los nietos Pero si esto no es posible a veces las mujeres tienen que dejar a sus hijos pequeños con extraños o en centros del gobierno, una verdadera tragedia.

Por estas razones, creo es preferible que la mujer casada no trabaje mucho fuera del hogar ya que así puede dedicar más tiempo al servir a su familia y a otros. Por más tiempo que tenga para servirles, mejor puede hacerlo.

Admiro mucho a mujeres cristianas que han dejado trabajos lucrativos, para atender mejor a su familia. Aunque tienen que vivir con menos lujos y en forma más humilde, pueden tener riquezas que van más allá del dinero. De este servicio en el hogar la mujer encuentra el verdadero propósito en la vida.

La mujer virtuosa

La hermosa descripción de la mujer virtuosa en Proverbios 31:10-31 es de una mujer dedicada al servicio de su familia y otros. Versículo 28 dice de ella, "Se levantan sus hijos y la llaman bienaventurada; Y su marido también la alaba." Este amor y aprecio que recibe por ser "cuidadosa de su casa," vale más que una carrera impresionante, dinero, poder y prestigio.

(*de "Creced" 12/1994*)

El poder del amor

Se relata la historia de la señora que se acercó a un consejero matrimonial y le dijo, "Tengo un marido egoísta que me ha causado mucha angustia. Quiero abandonarlo pero esto no será suficiente para pagarle todo el dolor que me ha dado. Quiero hacerle algo que le lastime profundamente para que él sepa cómo es sufrir como yo he sufrido."

El consejero pensó un rato y entonces le contestó, "Le sugiero que antes de abandonarlo, que lo trate muy bien por dos semanas. Déle su comida favorita, alábele y trate en toda manera de hacerle feliz. Si él le habla mal, no le haga caso sino responda con calma. Entonces, después de dos semanas de tratarlo así, cuando él se sienta muy contento, abandónelo."

La señora decidió aceptar este consejo.

Como seis meses después, el consejero vio a la señora y le preguntó, "¿Cómo le fue? ¿Trató a su marido bien antes de abandonarle?"

"Eso iba a hacer," dijo la señora. "Comencé a tratarle muy bien y no hacer caso a sus palabras feas. Le compré algunos regalos para que él estuviera muy contento para luego abandonarle. Pero entonces, ¡el comenzó a tratarme con más respeto y aun cariño! ¡Me compró algunas flores! Después de las dos semanas, no quise dejarlo. Nos quedamos juntos y hemos aprendido a amarnos de verdad."

Esta pequeña historia ilustra varios puntos acerca del amor voluntario (*ágape*) que Dios manda:

Si uno decide amar a otro y hacerle feliz, aunque éste sea obstinado y egoísta, es posible que el amor venza todo, aun las actitudes feas.

Aunque la Señora no pudo sentir "cariño" hacia su marido egoísta, decidió tratarle bien (aunque de mala gana). Después de establecer esta base del buen tratamiento, luego volvió el cariño y la atracción física.

Capítulo 5, La Crianza de Hijos

¡El caimán tiene a su hijo!

Se relata la historia de un niño que nadaba en un río mientras su madre miraba desde la orilla. De repente la madre vio un caimán y gritó desesperadamente a su hijo que saliera del agua. El niño nadó con toda su fuerza y llegó a la orilla en el mismo momento que el caimán le agarró por el pie. La madre agarró a su hijo por los hombros y por varios segundos luchó con el caimán, ella tirando a su hijo hacia la tierra y el caimán tirándole hacia el agua. Fue una lucha encarnizada a vida y muerte. Por fin, la madre ganó la batalla y así salvó la vida de su hijo aunque este quedó herido en el pie.

Los padres e hijos

Los padres cristianos somos muchas veces como la madre. Sabemos que Satanás quiere agarrar a nuestros hijos para arrastrarles a la perdición. Usa varias tácticas:

(1) Las drogas ilícitas. Echan a nuestros hijos en la prisión de la adicción, a veces hasta el punto que es casi imposible sacarlos.

(2) Los novios mundanos. Quitan el raciocinio de nuestros hijos igual que cualquier droga narcótica y les alejan de Dios y de su familia.

(3) La pornografía. Infunde las obsesiones no sanas en nuestros hijos.

(4) El espíritu de rebelión. Hace que no quieran obedecer a los padres, sino ignoran sus consejos y su autoridad.

(5) Falsas doctrinas. Implican que no es importante seguir con cuidado a Dios.

(6) El materialismo. Hace que nuestros hijos piensen más en el dinero y en las posesiones que en Dios.

(7) Las filosofías huecas del mundo. El postmodernismo que se enseña en las universidades hace que nuestros hijos desconfíen en la Biblia y que tengan todas las religiones como iguales de buenas.

Casi todos estos peligros y otros más llegan a nuestros hijos por medio de los compañeros mundanos. Comienzan a andar con nuestros hijos, o hablar con ellos en el Internet, arrastrándoles lejos de sus padres y de más importancia, de Dios.

¡La acción drástica es necesaria!

Cuando nos damos cuenta que el caimán está tratando de agarrar a nuestros hijos, no es tiempo para la tranquilidad y la indiferencia. ¡La acción drástica es necesaria!

- **La vara de disciplina.** Cuando nuestros hijos todavía no han llegado a la adolescencia, podemos usar la vara de corrección cuando vemos en ellos señales de rebelión (Prov. 13:24; Prov. 29:15, etc.).

- **Quitar el televisor, la computadora, el teléfono celular, el auto, o cualquier otra cosa que el "caimán" pueda usar** para agarrar a nuestros hijos. El acceso a Internet no vale tanto como la vida espiritual de su hijo. Si usted se da cuenta que su hijo está usando la computadora para llegar a sitios pornográficos, bótela, o destrúyala con hacha o martillo. Aunque algunos verían esta acción como muy excesiva, es justificada porque ¡El caimán tiene a su hijo!

Una hermana lamentó no poder controlar a su hijo de 15 años con el televisor. Sí pudo. Al botar el televisor de su casa, habría controlado el problema y quitado el caimán, al menos con respecto a aquel problema.

Si vale la pena "cortar la mano" o "sacar el ojo" para entrar en el cielo (Mateo 5:29,30), ¡cuánto más vale botar el televisor o la computadora si dan ocasión para caer a nuestros hijos!

- **Ayuda profesional.** Si usted sospecha seriamente que sus hijos estén usando drogas ilícitas, es tiempo para un análisis médico. Aunque su hijo no quiera, si vive debajo de su techo, debe de sujetarse a la atención profesional para salvarle del "caimán."

- **Prohibir ciertos amigos mundanos.** Si su hijo no es bastante fuerte para influenciar a sus amigos a vivir sanamente, sino que es influenciado por ellos a meterse en actividades no sanas, debe de prohibir el contacto con ellos. Esta regla debe incluir a los novios no sanos. Si no quieren sujetarse a la regla y son de edad responsable (18 años en adelante), que busquen otro lugar donde vivir. Si no son de edad responsables, que pierdan todos los privilegios (mirar el televisor, salir de casa, computadora, etc.).

- **Mudarse a otro pueblo.** Algunos al no poder controlar a sus hijos con respecto a amigos y novios han decidido mudarse a otros pueblos. Aunque parezca ser drástico, vale cualquier cosa salvar a nuestros hijos del caimán.

Más aplicaciones y conclusión

- Hijos, no se sientan resentidos cuando sus padres quieren saber de sus compañeros. Ellos les aman más que nadie y saben que el "caimán" (Satanás) quiere usar compañeros no sanos para arrastrarles al infierno.

- Hay dolor en la lucha. Sé que al tirar la mujer a su hijo hacia la tierra, la lucha habría causado dolor en el hijo. Pero, fue necesario para salvar al hijo. Nuestras luchas para salvar a nuestros hijos a veces causan dolor en ellos. Muchas veces se quejan de nuestros esfuerzos y llegan hasta el punto de resentirlos. Pero si el caimán en verdad los tiene, no nos rindamos.

Que Dios nos ayude a luchar con mucho amor y tacto para salvar a nuestros hijos del "caimán."

(*de "Creced" 9/2002*)

Aprendiendo de los perros

¡Manda el chihuahua!

Mi padre visitó en el hogar de algunos cristianos que tenían dos perros: un chihuahua muy pequeño y un perro mastín danés, tan grande como un hombre maduro. ¡Lo más maravilloso fue que el perro que mandaba en aquella casa era el chihuahua! Al ladrar o gruñir éste, el mastín danés se sujetaba en forma sumisa aunque era al menos cincuenta veces más grande que su compañero.

Mi papá preguntó, "¿Cómo es que manda el chihuahua siendo tan pequeño?"

Los dueños de los perros contestaron, "Tuvimos el chihuahua primero, y luego trajimos al mastín danés a la casa como cachorro. Desde el principio el chihuahua mandaba y sigue mandando ahora, aunque el mastín danés ha llegado a ser mucho más grande."

Aplicación

Es muy bello ver a un hijo grande y fuerte sujetarse a su madre anciana y pequeña de estatura, sirviéndola y tratándola con sumo respeto. ¿Cómo pasa? Lo esencial es que los padres exijan el respeto y el obedecimiento de sus hijos cuando estos son pequeños. Jamás deben permitirles que les hablen con falta de respeto, que digan "no" o que ganen alguna batalla de la voluntad. Significa que tienen que usar a veces la vara de la disciplina (Proverbios 13:24) y ser firmes frente al mal comportamiento.

Padres de niños, ¡recuerden la lección del chihuahua! Establezcan desde el principio su autoridad en el hogar y exijan el respeto y el obedecimiento de sus hijos. Si así hacen, cuando éstos llegan a ser grandes, les van a honrar y a respetar.

Cuatro clases de padres

Dicen que hay cuatro clases de padres:

(1) El autoritario: Son padres dominantes y severos que castigan mucho y demuestran poco amor. Muchas veces sus hijos resultan ser muy tímidos o muy rebeldes. Dios dice, "Padres, no provoquéis a ira a vuestros hijos" (Ef. 6:4). "Padres, no exasperéis a vuestros hijos, para que no se desalienten" (Ef. 3:21).

(2) El despreocupado: Estos descuidan a sus hijos. No tienen tiempo para ellos y no les dan muchas reglas ni alimentación espiritual. Dios dice, "Criadlos en disciplina y amonestación del Señor" (Ef. 6:4). Las madres deben "amar a sus hijos" (Tito 2:4).

(3) El indulgente: Estos consienten a sus hijos. Aunque les dan atención y muchos regalos, no les disciplinan ni ponen límites a su comportamiento. Dios dice que los hijos de Elí se desviaron porque cuando se portaban mal, "él no los reprendió" (1 Samuel 3:13, *LBLA*). "La necedad está ligada en el corazón del muchacho; Mas la vara de la corrección la alejará de él" (Prov. 22:15).

(4) El firme pero amoroso: Son padres que tienen reglas y son firmes, pero también demuestran amor y cariño. Hablan mucho con sus hijos, enseñándoles el camino del Señor, pero les castigan con varita cuando sea necesario. Por supuesto, debemos ser este tipo de padre, siguiendo los principios bíblicos.

Padres, ¿En cuál de estas clasificaciones se encuentra usted?

El tiempo cuesta dinero

Un niño pidió a su padre que le leyera un libro para niños pero éste respondió, "lo siento hijo, pero tengo un proyecto muy importante para mi trabajo. Otro día lo hago"

Luego le dijo, "Papi, puedes acompañarme al parque para jugar un poco de fútbol?"

"Ojalá que pudiera," le contestó el padre, "pero el sábado es el único día que tengo libre de mi trabajo y tengo que ir a hacer algunas tareas."

Una noche, el padre estaba mirando la televisión y el hijo se le acercó y le dijo, "Papi, ¿puedes salir de allí un momento para ver lo que hice para mi profesora?

"Hijo," el padre le contestó con impaciencia, "¿No puedes ver que estoy estropeado de mi trabajo y este es el único tiempo que tengo para descansar? ¡Por favor déjame en paz!"

Como treinta minutos después el niño fue el padre y le preguntó, "Papi, ¿cuánto te pagan por una hora de trabajo?"

"Diez pesos la hora," contestó el padre, "¿por qué me preguntas eso?"

El niño desapareció y volvió con un billete de cinco pesos. "Papi, aquí hay cinco pesos. Quiero pagarte por 30 minutos de tu tiempo"

¿Qué necesitan nuestros hijos más que cualquier otra cosa?

Las cinco necesidades más grandes de los hijos

1 **Aprender la importancia de una buena relación con Dios** [Deut. 11:18-20; 2 Timoteo 1:5, etc.] No cabe duda que esta es la necesidad más grande y todas las demás son basadas en ella. Si el niño aprende que él es la creación de un Dios amoroso y que va a vivir por toda la eternidad si sigue a su Padre celestial, ya está listo para las batallas de la vida.

Significa:

(a) Que los padres van a dar prioridad a Dios en todo - Aunque digan que Dios es primero en sus vidas, si demuestran con sus acciones que el trabajo, el recreo, la educación u otras cosas son más importantes, los niños lo van a observar y aprenderán que aunque se diga que Dios es primero, no es así en la práctica.

(b) Estudio bíblico y oración con los niños - Desde el nacimiento de sus hijos, los padres deben tener el hábito de orar y hablar de las cosas de Dios diariamente con ellos.

2. Mucho cariño y amor - Cuando le presentaban niños a Jesús para que les tocase, Él los tomó "en los brazos, poniendo las manos sobre ellos, los bendecía" (Marcos 10:16). Las ancianas deben enseñar a las mujeres jóvenes a amar a sus hijos (Tito 2:4). Los hijos que se crían sin amor y cariño en la casa, llegan a ser fríos y rebeldes.

3. Una comprensión que el mal comportamiento lleva consecuencias desagradables - Elí perdió a sus hijos porque no les reprendió (1 Samuel 3:13). "El que escatima la vara odia a su hijo, mas el que lo ama lo disciplina con diligencia" (Prov. 13:24 *LBLA*). "La vara y la reprensión dan sabiduría, pero el niño consentido avergüenza a su madre" (Prov. 29:15 *LBLA*).

Me da pena ver a cristianos hoy en día que se niegan a frenar a sus hijos y no les aplican la vara con amor cuando éstos se rebelan. Sus hijos se crían confundidos y les cuesta distinguir entre el bien y el mal. Piensan poder hacer lo que les dé las ganas, sin sufrir ninguna consecuencia desagradable.

Por supuesto, el abusar del niño (el pegarles con ira y sin dominio propio) es provocar a ira a los hijos (Efesios 6:4) y debe ser evitado. Pero el castigo dado con amor y dominio propio, aunque no sea agradable en el momento, "después da fruto de justicia a los que en ella han sido ejercitados" (Hebreos 12:11).

Padres, ¡aprendan a usar la vara y el castigo amoroso o pierdan a sus hijos!

4. Aprender que es más bienaventurado dar que recibir (Hechos 20:35) - Hay dos clases de individuos en el mundo: los dadores, los que han aprendido que la alegría viene al dar a otros, y los recibidores (o, los aprovechados), los que no han aprendido esta lección.

Desde pequeño, debemos enseñar a nuestros hijos a hacer dibujos para dar a otros, a visitar a los ancianos, a llevar comida a los enfermos y a servirles en otras formas. ¡El enseñarles la alegría que viene al ser dador, es una de las bendiciones más grandes que podemos darles!

5. Aprender la humildad y la importancia de pedir perdón.
Muchos adultos, aun cristianos que tienen la fama de ser fuertes, parecen ser incapaces para pedir perdón a otros. Debemos enseñar a nuestros hijos a no ser así.

Al principio no es fácil. Los niños no quieren admitir la culpa, pero si les alabamos cuando lo hacen y si demostramos con nuestro ejemplo que es necesario hacerlo, así pueden aprender su importancia. Sí, los padres deben pedir perdón a los hijos cuando se equivocan. Así los hijos aprenden a hacer lo mismo.

Pidamos ayuda de Dios al esforzarnos en proveer estas necesidades para nuestros hijos.

(de "Creced" 8/2001)

"Hijos exitosos"

"Todos mis hijos han estudiado en la universidad y son profesionales."

- "A mi hijo le dieron el premio por ser el estudiante con notas más altas en su clase."

- "Mi hijo está tratando de decidir a cual universidad asistir porque le han ofrecido muchas becas."

Aunque no es malo ser profesional, ganar el premio por tener notas altas o recibir becas para asistir a universidades importantes, la jactancia con respecto a estos logros revela un concepto torcido en cuanto a lo que es el éxito por las siguientes razones:

(a) Uno puede ser profesional, estudiante del año y tener éxito en todo aspecto mundano y todavía perder el alma. "Qué aprovechará al hombre, si ganara todo el mundo, y perdiere el alma" (Mateo 16:26).

(b) Muchas veces el éxito en cuanto a las cosas del mundo produce el orgullo el cual en turno resulta en el fracaso espiritual.

(c) Pablo describe a los primeros cristianos así: "No sois muchos sabios según la carne, ni muchos poderosos, ni muchos nobles" (1 Cor. 1:26). Si queremos más que nada que nuestros hijos sean "sabios, poderosos y nobles" conforme al mundo, no queremos que sean como la mayoría de los primeros cristianos.

(d) Casi siempre en la historia, los que siguen con cuidado la palabra de Dios han sido personas humildes: agricultores, obreros, madres, abuelos, etc. Las apostasías han ocurrido cuando los hijos y nietos de los cristianos humildes alcanzan puestos de importancia y la prosperidad. Entonces, tienden a confiar menos en Dios y más en su educación secular, sus puestos y su éxito financiero. Dios advirtió a los israelitas que tuvieran cuidado al gozarse de la prosperidad ya que había el peligro de que "se enorgullezca tu corazón, y te olvides de Jehová tu Dios..." (Deut. 8:14).

¿Es mala en sí la educación y el éxito financiero?

Por supuesto que no. Dios quiere que usemos las oportunidades que tenemos para educarnos. Pablo, Apolos, Lucas, Silas y otros cristianos fieles habrían sido hombres muy educados. Lidia, Filemón y otros habrían gozado del éxito financiero. Erasto, un cristiano fiel (Romanos 16:23), tuvo un puesto importante en la ciudad de Corinto (era tesorero de la ciudad) y han descubierto una inscripción que probablemente fue escrita en su honor.

La clave para el éxito espiritual es que los cristianos no promuevan la educación ni el éxito financiero como metas principales para sus hijos. Si la educación puede ayudar a los hijos a servir mejor a sus familias y a otros, y a veces sí puede, entonces que sea procurada. Pero jamás debe ser una meta en si misma ni tampoco una fuente de orgullo ni jactancia. Admiro a hermanos que han alcanzado el éxito educacional o financiero, sin embargo pocos lo saben. Niegan referirse a sus títulos entre los hermanos o exhibir sus riquezas sino siguen humildes de corazón. Son generosos, siempre ayudando en forma discreta a otros. No tratan de elevarse sobre otros ni exigen más atención o autoridad que el campesino más humilde.

El verdadero éxito

Lo único que vale en esta vida es ser como Jesucristo, un servidor humilde, santo y consagrado a Dios. Que nuestros hijos sepan que el ser como Jesús es la única meta que tenemos para ellos como padres, no importa si llegan a ser abogados, médicos, agricultores, madres, mecánicos o lo que sea. Dejemos las jactancias vanas y promovamos lo único que importa para nuestros hijos — una vida santa como la de Cristo y como resultado, la vida eterna en el cielo. Ningún otro éxito aparte de Cristo vale un pepino.

(*de "Creced" 8/2006*)

¿Debemos alabar a los niños y jóvenes?

Si queremos imitar a Jesús, debemos hacerlo. Jesús alababa a sus "niños," los apóstoles, por haber dejado todo para seguirle y les prometió que iban sentarse sobre doce tronos para juzgar a las doce tribus de Israel (Mateo 19:28). Expresó su alegría por haberles elegido (Juan 6:70). Les alabó a pesar del hecho que tenían muchos defectos.

Si queremos imitar a Pablo, debemos alabar a los niños. Pablo alabó a los tesalonicenses por ser una luz no solamente en Macedonia sino en todo el mundo (1 Tes. 1:6-10). Alabó a los romanos (1:8), a los filipenses (4:15-17), a los colosenses (1:4) y aun a los corintios que tenían tantos problemas (1:4-9). No hay espacio para todos los ejemplos.

Nuestros hijos deben saber que estamos felices con ellos y hasta cierto punto orgullosos de ellos. Los niños que nunca reciben alabanza, se crían con poca confianza y no se dan cuenta de lo importante que son para Dios y sus familias. Pero es importante que lo hagamos correctamente, tal como lo hizo Jesús y sus discípulos como Pablo, Pedro y Juan.

Principios

1. Alabe a los niños y jóvenes por sus esfuerzos y no por sus talentos. Jesús no alabó a los discípulos por ser inteligentes y bien parecidos, sino por haber dejado todo para seguirle.

Hay estudios que indican que el alabar a los niños y jóvenes por sus talentos puede quitar su iniciativa. Los alabados por sus habilidades tienden a querer elegir tareas fáciles para que puedan seguir demostrando "su talento" en vez de desafiarse con objetivos más difíciles pero más provechosos, por ejemplo, el tomar cursos avanzados, estudiar libros más difíciles de la Biblia, etcétera.

2. Alabe a los niños y jóvenes más por demostrar buen carácter y por su interés espiritual que por el éxito con las cosas del mundo. Creo haber sido culpable de haber alabado a niñas por ser bonitas o a muchachos por ser buenos atletas cuando quizás no les convenía Así llegan a tener confianza en sí mismos en base de su apariencia externa o talento atlético en vez de su carácter.

Aunque no puedo decir que es malo en sí, decir de vez en cuando, "tú eres bonita" o "juegas bien el fútbol," la mayor parte de nuestra alabanza debe ser por esforzarse los niños o jóvenes a memorizar un versículo bíblico, por saludar a los ancianos en la iglesia, por andar en la verdad (2 Juan 4) y sobre todo cuando sacrifican algo del mundo para dar prioridad a las cosas de Dios. Los niños deben ver que lo que nos hace más feliz no es el éxito en el mundo, sino el desarrollo de su carácter espiritual.

3. La alabanza debe ser sincera y no dada a menudo, sino de vez en cuando y en el tiempo apropiado. - Aunque Cristo alababa a los apóstoles, no era algo que hacía continuamente sino de vez en cuando. Si los niños siempre oyen alabanza para cada cosita que hacen, llega a ser "barata" e insincera. Es mejor esperar momentos en los cuales los niños y jóvenes se destacan con actos de amor o de espiritualidad y entonces alabarles sinceramente. O, se puede hacer en momentos de reflexión, pero no cada dos o tres minutos.

Que Dios nos ayude a usar la alabanza sabiamente, tal como la usó Jesús, para motivar a nuestros hijos y jóvenes a seguir en Su camino.

Para pensarlo más - Lo que alabamos demuestra nuestras prioridades

Me crié en un pueblo de Alabama donde se daba mucho énfasis a los deportes. Casi todos los niños y jóvenes participaban en equipos de béisbol, fútbol norteamericano y baloncesto. La congregación donde me crié tenía como 300 en asistencia y por tanto, tenía un grupo grande de jóvenes y la mayoría jugaba varios deportes. Ahora cuarenta años más tarde, muchos de los compañeros cristianos de mi juventud ya no son fieles. Al reflexionar en aquellos años, veo algunas razones por las cuales ahora vemos el fracaso espiritual.

¡Recuerdo que dos o tres de mis amigos de la iglesia recibieron $100 de sus padres por batear un jonrón (cuadrangular) al estar jugando béisbol! Es mucho dinero ahora, ¡pero en aquel tiempo era una fortuna! Sin embargo, cuando mis amigos dirigieron un himno o recetaron un versículo de memoria en la clase bíblica, quizás sus padres les decían, "hiciste bien," pero el nivel de entusiasmo no fue nada en comparación con lo demostrado por algún éxito deportivo. Así mis compañeros recibieron $100 por el éxito en el béisbol y alabanza tibia por sus esfuerzos espirituales. Vieron lo que en verdad tenía prioridad en la mente de sus padres y no era Cristo.

Así pasa hoy en día. Algunos padres cristianos se entusiasman mucho por las buenas notas en la escuela, por el talento deportivo o en la música, por los honores en la escuela o por llegar a tener una carrera profesional. Pero responden en forma más tibia a los éxitos espirituales de sus hijos. Si nosotros como padres no tenemos a Cristo y su reino como prioridades en nuestras vidas, esto va a reflejarse en la forma en que alabamos a nuestros hijos y va a hacer gran daño a ellos igual como a nosotros.

(De "Creced" 2/ 2013)

¿Cómo hacerlo bien en el hogar y en la iglesia?

El enseñar la Biblia a los niños

Deuteronomio 11:19 dice de las escrituras, "las enseñaréis a vuestros hijos, hablando de ellas cuando te sientes en tu casa, cuando andes por el camino, cuando te acuestes, y cuando te levantes." Sí fue tan importante enseñar a los niños bajo el viejo pacto, ¡cuánto más bajo el nuevo!

A pesar de la tradición del "machismo," la enseñanza de los niños es la responsabilidad de los hombres tanto como de las mujeres. La Biblia dice, "Padres… criadlos en disciplina y amonestación del Señor" (Ef. 6:4).

Muchos me han preguntado acerca de material para enseñar a los niños. Aunque el material impreso puede ayudar, quizás lo más importante es que los padres (y los que enseñan a los niños en las congregaciones) aprendan a hacer sus propios estudios de la Biblia. Espero que las siguientes sugerencias puedan ayudar:

¡Enseñe la Biblia!

Me da pena ver clases "bíblicas" con títulos como: "Comparte tus juguetes," "Dios hizo las flores bonitas," "No pelees," etc. ¡Los niños son capaces para aprender puntos más substantivos!

He visto a niños de 18-24 meses que pueden contestar, "Adán," cuando se les pregunta quién era el primer varón. Saben quién era la primera mujer y quién hizo el arca.

Conozco a niños de 32 meses que pueden decir (al menos cantar) los libros del Nuevo Testamento.

Niños de cinco años le pueden dar respuestas a centenares de preguntas tales como: ¿Quién era la esposa de Abraham? ¿Dónde nació Jesús?, etc. Todo es posible si los padres (y también las iglesias) toman tiempo para enseñarles la Biblia.

Elaborando los estudios

Elaborar un estudio consiste en leer una porción de la Biblia y hacer planes para (1) relatar la historia con palabras sencillas y (2) ayudar a los niños a memorizar respuestas a preguntas claves de cada lección.

Claves al relatar la historia:

- **La sencillez** - Lea el texto de antemano y determine como relatar la historia con palabras sencillas.

- **El entusiasmo** - Si el enseñador no parece tener entusiasmo, los niños no van a hacerle caso. ¡Hable con pasión!

- **Ilustraciones** - Hable de cómo las personas hoy en día son como las personas de las cuales se leen. Algunos les gusta pedir a los niños muy pequeños que dibujen algo en base de lo que han aprendido pero tenga cuidado de que la clase bíblica no se convierta en "clase de arte."

- **Preguntas** - Haga muchas preguntas. Después de decir una o dos frases, haga preguntas en base de lo relatado.

- **Aplicaciones** - Pregunte a los niños acerca de aplicaciones que podemos sacar de las historias. Deles algunas aplicaciones que usted tiene en mente.

- **Alaben a los niños al citar ellos textos.** - Déjenles mostrar a otros lo que han aprendido.

Que memoricen las respuestas a preguntas claves

Cada estudio debe llevar dos o tres preguntas cuyas respuestas los niños memorizan. En las clases que siguen, los maestros deben volver y preguntar acerca de las preguntas de lecciones anteriores, hasta que haya una lista de centenares de preguntas que los niños pueden contestar. Se deben escribir las preguntas claves en la pizarra o en algún papel.

Ejemplos

Las siguientes preguntas claves pueden acompañar algunas de las clases mencionadas abajo.

- **El nacimiento de Juan:**
  1. ¿Cómo se llaman los padres de Juan?

- **El nacimiento de Jesús**
  1. ¿Cómo se llaman los padres de Jesús?
  2. ¿Dónde nació Jesús?
  3. ¿A quiénes Dios anunció primero el nacimiento

- **La visita de los "hombres sabios"**
  1. ¿Cuáles fueron los regalos que los hombres sabios trajeron a Jesús?
  2. ¿Quién era el rey que quiso matar a los niños?

Se debe dedicar tiempo para memorizar con los niños los libros de la Biblia, los 12 apóstoles, las 12 tribus de Judá y versículos claves que tratan de la salvación y la autoridad de Jesús.

Padres, tomen 10-15 minutos todos los días para estudiar la Biblia con sus hijos. Hágales preguntas y oren a Dios. Aunque la responsabilidad principal es de los padres, las iglesias locales deben enseñar también a los niños. El resultado será una generación que no será destruida porque le falta conocimiento (Oseas. 4:6).

Buenos temas para niños en el Nuevo Testamento

Los temas que son muy fáciles para niños de 2-6 años llevan una estrellita *.

* El ángel visita a Zacarías - Luc. 1:5-25; 57-80
* Jesús lava los pies de los discípulos - Juan 13:2-15
* El nacimiento de Jesús - Lucas 2:1-38
* Los "magos" visitan a Jesús - Mateo 2
El niño Jesús en el templo - Lucas 2:40-52
La enseñanza de Juan - Lucas 3:1-18 18:10,11
El bautismo y la tentación de Jesús - Mateo 3:13-4:11
Las bodas de Caná - Juan 2:1-12
La mujer samaritana - Juan 4:3-43

La fe del centurión - Lucas 7:1-10
* Jesús sana al paralítico - Marcos 2:1-12
La parábola del sembrador - Mateo 13:1-23
Jesús resucita a la hija de Jairo - Marcos 5:21-43
* Alimentación de los 5,000 - Marcos 6:30-44
* Jesús camina sobre el mar - Mateo 14:22-33
La transfiguración - Mateo 17:1-13
Jesús sana a un ciego - Juan 9
* El buen samaritano - Lucas 10:25-37
El hijo pródigo - Lucas 15:11-32
La resurrección de Lázaro - Juan 11:1-54
Los diez leprosos - Lucas 17:11-10; 18:9-14
El joven rico - Marcos 10:17-31
* Zaqueo - Lucas 19:1-10
Jesús entra en Jerusalén - Marcos 11:1-19
Jesús instituye la cena - Marcos 14:17-25
Jesús prendido - Marcos 14:26-52;
* Pedro se niega a Jesús - Marcos 14:53-72
Jesús ante Pilato - Juan 18:28-19:16
*La crucifixión de Jesús - Marcos 15:16-47
Jesús vuelve a vivir - Mateo 27:57-28:10
En el camino a Emaús - Lucas 24:13-25
Jesús aparece, Tomás duda - Jn 20:19-29
Jesús asciende a los cielos - Hechos 1:6-11
El día de Pentecostés: Hechos 2
* Sanan a un cojo: Hechos 3:1-10; 4:1-3
Bernabé, Ananías y Safira: Hech. 4:32-5:11
* La muerte de Esteban: Hechos 6:8-7:60
Felipe en Samaria: Hechos 8:3-25
* El bautismo del eunuco: Hechos 8:26-40
* La conversión de Saulo: Hechos 9:1-19

Saulo comienza a predicar: Hechos 9:19-31
* Milagros con Eneas y Dorcas: Hech. 9:32-43
La conversión de Cornelio: Hechos 10
*La conversión del carcelero: Hech. 16:25-41
El alboroto en Efeso: Hechos 19

La batería tiene que tener dos terminales

Para funcionar y producir corriente, una batería tiene que tener dos terminales: un positivo y un negativo. Si tiene dos terminales positivos sin tener un negativo o dos negativos sin un positivo, no va a servir.

Así es con la crianza de hijos. Si los padres cristianos van a criar bien a los suyos, tienen que tener un lado positivo (abrazos, cariño, apoyo - Ef. 6:4; 1 Tes. 2:11) pero también un "negativo" (disciplina, corrección con la vara y la fuerza interior para decirles "no"- Heb. 12:7,8; Prov. 23:13,14;13:24; 1 Reyes 1:6).

Muchos padres se niegan a corregir a sus hijos, dejándoles hacer lo que les de la gana sin frenarles o poner límites a lo que pueden y no pueden hacer. Esta forma de crianza produce hijos consentidos y egoístas que no tienen dominio propio. Se crían pensando ser el eje del universo y no aprenden a llevarse bien con otros.

Otros padres solamente conocen el lado negativo con respecto a la crianza de sus hijos, siempre castigándoles duramente y criticándoles sin misericordia. No les dan mucho cariño y pocas veces les alaban. Producen hijos resentidos y fríos que tienen poca confianza. Cuando éstos llegan a ser adultos no quieren tener muchos tratos con sus padres.

Requiere esfuerzo

Casi todos nosotros tendemos a ser demasiado tolerantes o demasiado severos con nuestros hijos y con otros. Un padre amoroso reconoce estas tendencias en su vida y se esfuerza mucho en no dejarse llevar por su tendencia principal. Por ejemplo, un padre que tiende a ser muy suave y blando frente a la desobediencia de sus hijos, tendrá que esforzarse a ser más recto y disciplinario con ellos. Uno que tiende a ser muy crítico con ellos, tendrá que esforzarse a alabarles y mostrarles cariño y misericordia. Que Dios nos ayude a hacer el balance.

Recordemos, una batería tiene que tener un terminal positivo y un negativo para funcionar y así también tienen que ser los padres.

(idea de "Focus on the Family")

La vara de disciplina

Proverbios 13:24 "El que escatima la vara, odia a su hijo, mas el que lo ama lo disciplina con diligencia."

- **Proverbios 22:15** "La necedad está ligada en el corazón del niño; la vara de disciplina la alejará de él."

- **Hebreos 12:8** "Pero si estáis sin disciplina..., entonces sois hijos ilegítimos y no hijos verdaderos."

El castigo es desagradable (Heb. 12:11) y por tanto, muchos cristianos pasan por alto esta enseñanza. Como resultado, vemos tres tragedias: (1) Hijos que no saben distinguir entre el bien y el mal, (2) No respetan la autoridad de sus padres ni tampoco la de Dios. (3) No se dan cuenta que el comportamiento egoísta trae consecuencias desagradables. Les cuesta captar la seriedad del pecado.

¿Qué es la vara?

Dios especifica la vara como instrumento de corrección. No debe ser un palo grande, sino una ramita de un arbusto o arbolito, como medio metro de largo (para niños pequeños) pero no grueso. Este tipo de varita arde (y a veces deja rayitas) pero no hace daño permanente. Si usted no tiene arbustos o árboles cerca de su casa, puede conseguir varitas en otro sitio y guardarlas en la refrigeradora. A mi juicio, otros instrumentos de corrección son imperfectos: la mano no duele y la correa lastima demasiado.

¿Cuándo debe ser aplicada?

Tipos de rebelión que exigen castigo fuerte e inmediato:

1. El niño le dice "no" cuando le manda hacer algo.

2. El niño le trata con falta de respeto o con sarcasmo.

3. Usted le dice al niño que haga algo (ven, aléjate de allí, silencio, etc.) y éste no se mueve para cumplir con la orden.

4. El niño estorba la adoración de los cristianos

Creo que la varita no debe ser aplicada para descuidos y olvidos, sino para actos de rebelión como los descritos arriba. Esos pueden ser corregidos con castigos menos fuertes.

Se debe comenzar a usar la varita cuando los niños aprendan lo que significa la palabra "no," alrededor de un año a 18 meses de edad. Por ejemplo, el niño comienza a meterse en un lugar donde no debe y los padres le dicen, "no." El niño mira a los padres, habiendo entendido la palabra "no," pero se mete de todos modos donde no debe. Es señal para comenzar el castigo amoroso. No se debe castigar a un niño pequeño de menos de 10 meses por llorar cuando no entiende nada.

¿Cómo debe ser aplicada?

La corrección debe ser "un gran acontecimiento." Me da pena ver a padres que dan repetidos cachetazos o bofetadas a sus hijos. En un período de 30 minutos, pegan al niño 10 veces o más. Este castigo caprichoso es un abuso. Gwendolyn Webb señala siete pasos para hacer que el castigo sea un gran evento:

(1) Buscar la varita. Es bueno no apurarse en este paso para que el niño tenga tiempo para reflexionar en sus acciones.

(2) Llevar al niño a un lugar apartado. Castigar al niño frente a otros es abusar de él.

(3) Expresar el amor y la desaprobación de la rebelión. Mi padre siempre me decía,"Este castigo me duele más a mi que a ti, pero tengo que hacerlo porque te amo." No lo creía en aquel tiempo pero ahora sí.

(4) "Aplicar" la varita a las piernas o la colita. La cantidad de aplicaciones depende del tamaño del niño pero creo que entre 3-6 normalmente es suficiente para los pequeños.

(5) Hacer que el niño se rinda. Si la rebelión trata de negarse a hacer algo (limpiar el cuarto, arreglar los juguetes, etc.), después del castigo, lleve al niño a su cuarto o a los juguetes y dígale, "ahora, haz lo que te dije." A veces los niños todavía desafiarán la autoridad de sus padres y si lo hacen, hay que disciplinarles otra vez. Quizás hay que castigarles cuatro o cinco veces antes de que se sujeten, pero es de suma importancia no dejar que el niño gane esta batalla de voluntad.

(6) Después de un buen rato, cuando todo se haya tranquilizado y el niño se ha "endulzado," el que ha aplicado la disciplina, debe tomar el niño en los brazos y comunicar el amor con él. Pero cuidado, si es el padre que lo ha aplicado, la madre no debe adelantarse en dar cariño al niño, para no dejarle jamás la impresión de que simpatice con su rebelión.

Los padres siempre tienen que apoyarse mutuamente en la disciplina.

(7) Perdonar la transgresión.

Preguntas

- **¿A qué edad se debe dejar de usar la varita?** No quiero hacer leyes donde Dios no las ha hecho, pero en mi juicio, al llegar el niño a la adolescencia (11-13 años) ya debía haber aprendido la sujeción a los padres. La mejor forma para castigar a los adolescentes es quitarles privilegios que les gustan.

- **¿No se puede usar otras formas de disciplina?** La disciplina corporal (con vara) debe ser reservada para los casos serios de rebelión y la falta de respeto. Otros descuidos menos serios (olvidos, falta de organización, bajos promedios de la escuela, etc.) deben ser corregidos en otras formas, por ejemplo, quedar treinta minutos parados en un rincón (si salen, se aplica la vara), quitar privilegios de ver la televisión, etc.

- **¿Siempre es malo gritar a los niños?** (Pregunta de *"Creced"* 2012) No quiero hacer una regla aquí porque creo que a veces es bueno que ellos vean nuestra cólera justa. Aun así creo que muchas veces no conviene, especialmente si… (1) Substituimos los gritos por la disciplina verdadera. Algunos siempre gritan, pero no castigan. (2) Abusamos verbalmente con los gritos ("tu eres estúpido," "un fracaso," etc.) o (3) Es algo que pasa tan a menudo que los niños no hacen caso. Aunque no es malo levantar la voz de vez en cuando para llamar la atención de nuestros hijos, no hay provecho en gritarles continuamente.

- **¿Qué se debe hacer si el niño resiste?** Si el niño pelea o en alguna otra forma no se sujeta a la disciplina, hay que darle más por haber luchado. Mi hija mayor siempre luchaba con nosotros al recibir la vara y tuvimos que decirle, "Si aceptas la disciplina, te damos tres veces, pero si luchas, recibirás seis." Por fin aprendió a aceptar sus tres en vez de luchar y por lo tanto recibir seis.

Por esta razón es importante comenzar a usar la vara cuando el niño es pequeño (véase el próximo punto). Cuando son pequeños, se les puede dominar y así aplicar la "medicina" que necesitan.

Errores

Es de suma importancia evitar errores comunes en la disciplina.

(1) Amenazar el castigo sin cumplir. Muchos padres amenazan con castigo pero el niño sabe que están mintiendo. Los gritos y las palabras fuertes no substituyen a la disciplina amorosa, sino pueden llegar a ser el abuso verbal.

(2) Castigo que no duele. Una madre dijo una vez, "el niño se ríe cuando le castigo." Pero el problema es que le daba con la mano por encima de los pañales y los pantalones. Hay que aplicar la varita a la piel Si no hay dolor, no ha habido corrección.

(3) Contradecir un padre al otro frente al niño. Si usted piensa que su cónyuge haya sido demasiado fuerte con el niño (o vice versa), no lo diga frente al niño, sino luego, en un lugar privado.

Evitando el abuso

(a) ¡Discipline al hijo con amor y no para vengarse de él! La Biblia autoriza solamente la disciplina que proviene del amor y no la que proviene del deseo de venganza. Si usted está airado y no tiene dominio propio, ¡no toque al niño!

(b) No humille al niño frente a otros. Llévele a algún lugar privado y allí déle lo que necesite.

(c) Nunca le dé al niño en la cara. Dios hizo lugar para la disciplina corporal (la colita o las piernitas). Aplique la varita allí.

(d) Con los niños pequeños, puede poner su mano en la pierna donde está aplicando la disciplina, así asegurándose con o que la varita arde sin ser demasiado fuerte.

"Estoy demasiado enojado para castigarte"

(De *Creced* 2012) Me acuerdo de algunas ocasiones durante mi niñez cuando provocaba mucho a mi padre y él me decía, "Estoy demasiado enojado para castigarte ahora. Pero en 15 minutos cuando me haya tranquilizado, te voy a dar lo que mereces." Durante aquellos 15 minutos siempre me portaba como un ángel, esperando que mi padre se olvidara de su promesa pero nunca lo hizo. Al pasar los quince minutos, me daba lo que yo merecía.

Así mi padre me enseñó dos lecciones muy importantes: (1) No es bueno castigar a un niño cuando uno está furioso, porque esto resulta en el abuso. (2) Aun así hay que castigarles, porque si provocan de esa manera, están en rebelión y necesitan ser corregidos.

Bendiciones

Dios dice,

- "Al presente, ninguna disciplina parece ser causa de gozo, sino de tristeza; sin embargo, a los que han sido ejercitados por medio de ella, les da después fruto apacible de justicia." (Hebreos 12:11).

- "Corrige a tu hijo y te dará descanso, y dará alegría a tu alma." (Proverbios 29:17)

Confiemos en estas promesas.

Cómo promover el mal comportamiento en los hijos

No queremos que nuestros hijos sean consentidos ni llorones, sin embargo nuestras acciones como padres a veces promueven esta clase de comportamiento. ¿Cuántas veces hemos visto algo como lo siguiente?

El niño quiere una barra de chocolate (o, una coca cola, dulce u otra cosa). Dice con voz exigente, "Papi, quiero el chocolate."

El padre contesta, "ahora no."

El niño comienza a lloriquear y suplicar, "Papi, lo quiero, tengo hambre."

"No," contesta el padre, "luego quizás se lo doy."

"¡Lo quiero ahora!" dice el niño comenzando a enojarse.

Entonces, comienza a llorar y sigue repitiéndose, "yo quiero el chocolate."

El padre entonces se rinde y le da el chocolate para que el niño se calle. El niño deja de llorar y con alegría toma el chocolate. Ha ganado otra vez la batalla.

¿Qué hemos enseñado al niño?

Si dejamos que los niños ganen así la victoria, les enseñamos varios principios dañinos.

Se consigue lo que uno quiere por lloriquear y enojarse.

La palabra de Papi no tiene mucho valor. Aunque dice "no," no pesa mucho su palabra. No tiene mucha fuerza de carácter. (Lo triste es que si ven que la palabra "no" no tiene mucho peso con Papi, así llegan a pensar equivocadamente que no tiene mucho peso con Dios tampoco.)

No tengo que respetar la autoridad. Puedo hacer lo que quiera sin sufrir ninguna consecuencia.

¿Cómo evitar esta victoria del diablo?

- Jamás dé algo a un niño cuando éste lo pide lloriqueando o enojado.

- Si los niños echan rabietas para conseguir lo que quieren, lléveles inmediatamente aparte y aplicar la varita (Proverbios 22:15).

Siempre estemos atentos a lo que estamos enseñando a nuestros hijos para criarles bien en disciplina y amonestación del Señor.

(de Creced, 6/2000)

Padres, no exasperéis a sus hijos

A veces los hijos piensan que cualquier disciplina de sus padres les exaspera, pero la Biblia enseña claramente la importancia de castigar a los hijos que se rebelan (Prov. 13:24; 29:15; Hebreos 12:7-11, etc.). Pero, sí, los padres pueden exasperar (excitar, agitar, provocar [léxico de Vine]) a sus hijos en tal forma que violan este texto.

¿Cómo los padres pueden exasperar a sus hijos?

(1) Criticar mucho, alabar poco.

- "Tú eres estúpido."

- ¿"No puedes hacer nada bien"?

El abuso verbal es peor que el físico, quitando la confianza de nuestros hijos

Es interesante notar cuánto Jesús alabó a sus "hijos," los discípulos.

- Mateo 16:17 - "Bienaventurado eres, Simón, hijo de Jonás, porque no te lo reveló carne ni sangre, sino mi Padre que está en los cielos."

- Mateo 19:28 - "Y Jesús les dijo, De cierto os digo que en la resurrección, cuando el Hijo del Hombre se siente en el trono de su gloria, vosotros que me habéis seguido también os sentaréis sobre doce tronos, para juzgar a las doce tribus de Israel."

Aunque Jesús tuvo que corregir a sus discípulos, lo hizo solamente después de alabarles y demostrar su confianza en ellos.

Pablo hizo lo mismo al escribir a sus "hijos" en la fe.

- 1 Tesalonicenses 1:7 - "…Habéis sido ejemplo a todos los de Macedonia y de Acaya que han creído."

- Filemón 5,6 - "…Oigo del amor y de la fe que tienes hacia el Señor Jesús, y para con todos los santos."

Sigamos el ejemplo de Jesús y de Pablo, alabando a nuestros hijos con optimismo, confiando en Dios para ayudarles a vencer los desafíos de la vida y tener vidas felices y significativas.

(2) Substituir los gritos por la disciplina.

No es malo en sí que nuestros hijos vean la cólera justa e indignación frente a la rebelión, pero algunos padres substituyen los gritos y las palabras fuertes por la verdadera corrección. Gritan mucho y corrigen poco. En vez de muchos gritos, debemos disciplinar a nuestros hijos aplicando la vara en casos de rebelión de los niños, o quitando privilegios en otros casos. El substituir los gritos por la corrección de nuestros hijos les exaspera.

(3) Comparar a sus hijos con otros.

- "Ojalá que sacaras buenas notas como Juancito."

- "¿Por qué no eres tan inteligente como tu hermana?"

Este tipo de comparación negativa siempre exaspera a nuestros hijos. Cada hijo es diferente, con sus propios defectos y fuerzas. El compararles con otros en forma negativa nunca les motiva, sino les hace sentir como fracasos.

(4) Castigo sin dominio propio, no dado por el amor

El amor siempre es el motivo de la disciplina bíblica (Proverbios 13:24). Lamentablemente muchos actos llamados disciplina, actualmente son motivados por la venganza y no el amor. (Pasa lo mismo con la "disciplina" en la iglesia.) El pegar al niño en la cara, o el pegarle sin dominio propio para vengarse de él es el abuso físico y no es disciplina. Los padres que así maltratan a sus hijos rendirán cuenta a Dios.

(5) La disciplina inconsistente

Los padres tienen la tendencia de castigar a sus hijos conforme a su estado emocional. Si se levantan "con el derecho," los hijos pueden hacer toda clase de maldad sin recibir nada de castigo. Pero si se levantan "con el izquierdo," cualquier acción de parte de los niños les trae la ira. Este tipo de castigo caprichoso hace mucho daño a los hijos porque ven que no tiene nada que ver con el amor, sino con los caprichos de los padres.

Se citan muchos textos como Efesios 6:1-3 y Colosenses 3:20 que hablan de la importancia de obedecer los hijos a los padres. Pero, los padres deben siempre tener en mente versículos como Efesios 6:4 y Colosenses 3:21 que les advierten a no provocar a sus hijos a la ira ni exasperarlos. *(de "Creced" 4/2004)*

La importancia de la palabra "no"

Es de suma importancia enseñar a los niños entre uno y tres años la seriedad de la palabra "no." Es interesante notar como Dios usó la palabra "no" al adiestrar a sus hijos espirituales, los hijos de Israel.

• El primer mandamiento que Dios dio a Adán y Eva fue con respecto al árbol en medio del huerto, "No comáis de él" (Génesis 3:3).

• Ocho de los diez mandamientos comenzaron con la palabra "no" (Éxodo 20).

La palabra "no" es absoluta e inequívoca y nadie la puede entender mal.

La palabra "no" y los niños

Me acuerdo cuando nuestra primera hija, Rebecca, comenzó a gatear alrededor del apartamento en Buenos Aires. Como niña curiosa, le llamó la atención la toma eléctrica. Quería meter el dedo en ella y le dijimos, "no!" Nos miró con comprensión, miró la toma eléctrica otra vez y nos volvió a mirar. Entonces la curiosidad superó su deseo de obedecernos y extendió el dedo para meterlo en la toma eléctrica. Fue uno de sus primeros actos de rebelión y fue cuando decidimos que ya era tiempo para castigarla conforme a Proverbios 29:15, "La vara y la reprensión dan sabiduría, pero el niño consentido avergüenza a su madre."

Y así pasa con todo niño. Su primer acto de rebelión normalmente es no hacer caso a la palabra "no." Cada vez que el niño ignora la palabra "no" debe recibir castigo inmediato. No es tiempo para negociar con ellos, ni darles pequeños discursos, sino para la disciplina rápida. Aunque a veces cuesta bastante tiempo, especialmente con los niños de genio fuerte, a lo largo aprenden que la rebelión no conviene.

"No" no significa "quizás"

Un grave error que cometen muchos padres es decir "no" a sus hijos, sin hacer que respeten la prohibición. El proceso a veces se lleva a cabo así: (1) orden (2) amenaza (3) súplica (4) tristeza (5) capitulación. Vi el proceso una vez al observar a una señora cuyo hijo de unos cinco años estaba metiéndose en algo ajeno en el aeropuerto.

(1) Orden - "No hagas eso," le dijo. El niño siguió con lo que hacía.

(2) Amenaza - "Si no dejas de hacer eso, voy a decirlo a tu papi." El niño consentido sabía que nada le iba pasar y siguió.

(3) Súplica - La madre dijo, "Por favor, deja eso." El mimado sabía que ya había ganado la batalla.

(4) Tristeza - Entonces dijo casi llorando, "Haces que tu mamá se sienta muy mal cuando no obedeces."

(5) Capitulación - Ya no dijo nada. El niño siguió jugando con lo que no le pertenecía.

Aquel niño va a tener grandes problemas en la vida porque no va a respetar la autoridad. Al principio, la madre debió haberle llevado a algún lugar aparte para castigarle por su rebelión. Es más, si ella le hubiera hecho cumplir sus órdenes cuando tenía un año de edad, es probable que le hubiera obedecido cuando su mamá le dijo "no" la primera vez en el aeropuerto.

Padres, por el bienestar de sus hijos, es de suma importancia que jamás ganen la batalla al rebelarse en contra de la palabra "no." Si tienen que castigarles diez veces para que obedezcan, ¡usted tiene que ganar la batalla!

El "no" desafiante

Los niños, tarde o temprano, van a usar la palabra "no" para rebelarse, Algún día cuando los padres le digan al niño que haga algo, éste va a responder, "no." Es un acto abierto de rebelión y no puede ser tolerado. La primera vez que esto pasa, los padres deben castigar al niño inmediatamente. El castigo debe ser tan desagradable que el niño jamás vaya a querer volver a repetir esta palabra a sus padres cuando le manden a hacer algo.

Me duele mucho ver a niños de cristianos que han aprendido a decir "no" a sus padres sin sufrir ninguna consecuencia desagradable. Serán niños, adolescentes y aun adultos confundidos y egoístas que no saben distinguir entre lo bueno y lo malo.

Resumen: Dos reglas absolutas

(1) El "no" de los padres debe ser obedecido en forma absoluta.

(2) El "no" desafiante de los niños a los padres jamás debe ser tolerado. Cualquier desvío de estas dos reglas debe resultar en el castigo fuerte e inmediato. Así damos bendiciones a nuestros hijos que amamos tanto, enseñándoles la alegría que viene cuando aprenden a respetar la autoridad.

(idea de un sermón por Scott Smelser)

Sabiduría para los padres que viene de los malos ejemplos

¡A veces los malos ejemplos tienen el mismo valor para educarnos que los buenos!

La palabra de Dios es la fuente de toda sabiduría, *"La exposición de tus palabras imparte luz; da entendimiento a los sencillos"* (Salmo 119:130) Se encuentran instrucciones de gran valor para los padres en varios libros del Antiguo Testamento, especialmente en los Proverbios. En el también se encuentran ejemplos negativos que son muy útiles.

Malos ejemplos que enseñan mucho

(1) La embriaguez de Noé causó escándalo en su hijo, Cam (Génesis 9:18-29). Aunque los hijos deben venerar a sus padres, a cualquier hijo que vea a su padre borracho, le va a costar tenerle pleno respeto. Si un padre tiene el hábito de tomar, jamás puede afirmar tener un compromiso serio para con el Señor y tampoco puede exigir lo mismo de sus hijos. Al contrario, es probable que ellos sigan su ejemplo en vez de sus palabras y así hagan naufragio en sus vidas. Quizás ningún hábito inhabilita a un padre más que el emborracharse.

(2) El materialismo de Lot llevó a su familia a la ruina (Génesis 13). Cuando Abraham le dejó elegir un lugar dónde vivir, vendió su familia por el pasto verde de la llanura. Lot no anticipó el fracaso, pero ningún hombre considera las consecuencias espirituales de sus decisiones cuando está cegado por la tentación de la prosperidad. Sin duda al considerar a sus hijos, Lot pensó que les iba a dar "algo mejor que tu mamá y yo teníamos." Quiso ser buen proveedor pero no pensó en las necesidades espirituales de sus hijos ni en la iniquidad de los hombres de Sodoma.

En nuestro mundo materialista, muchos juzgan a los padres en base de lo material y no lo espiritual. Hemos oído a padres cristianos que se jactan de haber criado a hijos profesionales, habiéndoles proveído una buena educación secular, sabiendo todo el tiempo que ninguno de sus hijos tiene el menor interés en la religión de Jesucristo. ¿No podemos ver en tales casos que los hijos han fracasado en cuanto a lo único que es esencial en la vida? ¡Sería mejor ver a nuestros hijos llegar a ser adultos como pobres en cuanto a lo material pero con fe en Dios, en vez de verles prósperos en lo material, pero completamente perdidos espiritualmente!

(3) La parcialidad de Jacob le impidió ordenar bien su casa (Génesis 37). Después de ver los problemas causados por el favoritismo de su madre (Génesis 25:27-34; capítulo 27) debía haber luchado para evitar lo mismo en su familia, pero no aprendió de aquel fracaso, sino hizo lo mismo con su hijo, José, y por tanto provocó la envidia, la malicia y el odio de sus hermanos. Por fin ellos vendieron a José como esclavo.

Cada hijo que nace en nuestros hogares tiene derecho a recibir la misma atención y afecto que los otros. Los padres sabios harán todo lo posible para botar cada rasgo de parcialidad de sus hogares porque hace daño a todos.

(4) El consentimiento de David arruinó a su hijo, Adonías (1 Reyes 1:6). El texto dice que "su padre nunca lo había contrariado preguntándole: ¿Por qué has hecho esto?" (*LBLA*). El joven nunca había sido frenado sino que siempre se había salido con lo suyo. Por tanto, cuando quiso tener el trono y se le fue negado, no tuvo la disciplina para aceptar este hecho. Esta falta resultó en su muerte.

Muy pocos pueden salir siempre con lo suyo en la vida. Por tanto, si quieren ser felices en la vida tienen que aprender como Pablo a "estar saciado como de tener hambre, de tener abundancia como de sufrir necesidad" (Filipenses 4:12). Es urgente que enseñemos a nuestros hijos a ajustarse a las dificultades de la vida desde temprano, porque si no, es probable que ellos se desintegren tal como lo hizo Adonías, al encontrar el primer obstáculo en la vida. Un padre que teme reprender a su hijo para no entristecerle, está poniéndole en el camino al desastre.

(5) La tolerancia de Eli resultó en la maldición de Israel (1 Samuel 2:12-36). Sus hijos, hombres viles, eran sacerdotes pero profanaron su oficio con actos vergonzosos. Aunque Eli trató de hablar con ellos acerca de su maldad (versículos 22-25), ellos no le hicieron caso y Eli, entonces, no hizo nada. Alguien ha dicho, "Habló cuando debía haber actuado y les regañó cuando debía haberles refrenado." Puesto que él dejo que sus hijos siguieran en su maldad, Dios le dijo, "honras a tus hijos más que a mí" (1 Samuel 2:29). De Elí Dios dijo a Samuel, "él sabía que estaban blasfemando contra Dios y, sin embargo, no los refrenó" (1 Samuel 3:13 NVI).

Llega el momento con nuestros hijos cuando las palabras no son suficientes, sino que se requiere la acción. *"El que escatima la vara odia a su hijo, mas el que lo ama lo disciplina con diligencia"* (Proverbios 13:24).

(6) El matrimonio de Joram perjudicó a su hijo (2 Crónicas 21:6), Siendo descendiente de David, se habría esperado que Joram adiestrara a su hijo para sucederle como rey. No obstante, Joram se casó con Atalía, hija de Acab y Jezabel, rey y reina malísimos de Israel. Como resultado, cuando Ocozías, hijo de Joram llegó a ser rey, no anduvo en el camino de David sino "anduvo en los caminos de la casa de Acab, porque su madre fue su consejera para que hiciera lo malo. E hizo lo malo ante los ojos del SEÑOR, como había hecho la casa de Acab, porque después de la muerte de su padre ellos fueron sus consejeros para perdición suya" (2 Crónicas 22:3,4).

El que piensa solamente en si mismo al escoger a un compañero/a para el matrimonio es egoísta e insensato. La joven con quién un joven se casa va a ser madre de sus hijos y la influencia dominante en sus vidas. Sus padres serán los abuelos de sus hijos. La previsión en estos casos puede resolver problemas antes que ocurran.

(Por Sewell Hall, abreviado y adaptado un poco, de "Creced" 8/2012)

Conflictos en cuanto a la crianza de hijos

La madre puso al niño en disciplina con la varita. El niño fue llorando al padre quién abrazó al niño y le dijo, "no te preocupes, tu mami se pone brava pero te voy a proteger de ella."

- El padre prohibió a su hija joven ir a una fiesta. La madre le dijo luego a la hija en privado, "Tu papi es un dinosaurio. Yo te voy a llevar a la fiesta y él nunca sabrá que has ido."

Son ejemplos de conflictos entre los padres en cuanto a la crianza de sus hijos. Siempre uno de los dos es más estricto o más suelto. ¿Cuáles son algunos principios que pueden ayudar?

¿Cómo resolver conflictos en cuanto a la crianza de hijos?

1. Si usted no se ha casado todavía, ¡Cásese con un cristiano! (Mateo 6:33) Aun con padres cristianos, hay diferencias, pero al menos respetan la misma autoridad, la de Jesucristo. Casarse con un inconverso es buscar conflicto en cuanto a la crianza de hijos porque no solamente hay diferencias de personalidad sino también diferentes valores.

2. Hablen de antemano en cuanto a reglas para el hogar y el castigo por violación de ellas. (Lucas 14:28) Antes de tener hijos, los padres deben hablar de los principios bíblicos de disciplina y de reglas y normas que se anticiparán en el hogar. ¿Qué clase de vestimenta se permitirá usar? ¿Cuales tareas deben ser dadas a los niños? ¿Qué clases de diversión y entretenimiento se permitirán?

Hay diferencias entre cristianos en cuanto a estas preguntas y los padres deben buscar un acuerdo mutuo antes de llegar al conflicto con los hijos. Si hay desacuerdos en cuanto a las reglas, busquen compromisos para que haya un plan de disciplina y trabajo de antemano.

3. Nunca comprometa la autoridad de su cónyuge frente a los hijos. Si usted piensa que su cónyuge es demasiado duro con su hijo, no le regañe frente al niño. Llévele aparte y hable con amor y tacto; ¿"no será posible tener un poco más de paciencia en este caso"?, ¿"no te diste cuenta que el niño ya había cumplido..."? etc.

Contradecir al cónyuge frente al hijo hace mucho daño. No solamente lastima al cónyuge y viola la regla de oro, pero hace que el niño trate de manipular a sus padres para ganar el apoyo de uno en contra del otro.

4. "La regla de oro" (Mateo 7:12) Trate a su cónyuge en conflictos como quisiera ser tratado si fuera él.

5. Ore (I Tes. 5:17) Es sumamente difícil criar a hijos en nuestra generación perversa y necesitamos pedir continuamente la ayuda de Dios.

Los conflictos sobre la crianza de hijos deben ser tratados con amor, firmeza y cuidado. Que Dios nos ayude.

(*De Creced, 2/1997*)

Los diferentes papeles de los padres

Los cristianos con diferentes niveles de madurez necesitan diferentes tipos de trato espiritual. Pablo trató a los tesalonicenses como *"la nodriza que cuida con ternura a sus propios hijos"* (1 Tes. 2:7). Era más duro con los corintios porque estos habían sido cristianos por más tiempo (2 Cor. 13:2). El escritor de Hebreos quería dirigirse a sus lectores como maduros, pero no pudo porque todavía eran niños espirituales (Heb. 5:11-14).

Lo mismo pasa en la crianza de hijos. Los padres tienen que cambiar sus tácticas cuando sus hijos pasan por diferentes etapas de madurez.

Diferentes papeles

Los diferentes papeles de los padres no aparecen y desaparecen repentinamente sino gradualmente llegan a tener importancia y luego paulatinamente otros los reemplazan.

- **Proveedor absoluto** (hasta un año de edad) – Los niños recién nacidos no pueden hacer casi nada. Los padres tienen que darles de comer hasta poner la comida en la boca. Cambian sus pañales, les bañan, les cargan y hacen centenares de otras tareas las cuales los infantes no son capaces de hacer por si mismos.

- **"Sargentos"** (1-5 años de edad) – Al llegar a tener un año, los niños comienzan a poder cuidarse un poco. Aprenden a caminar, alimentarse a sí mismos (aunque no lo hacen bien al principio), bañarse, ir al baño, etc.

El gran peligro durante esta etapa es que los niños se lastimen porque no tienen bien desarrollado el sentido del peligro. Por esta razón, la palabra "no" es de gran importancia. Cuando los niños quieren jugar en la calle, jugar con las herramientas de papi, comer dulces todo el día, etcétera la respuesta siempre es "no." No se dan explicaciones detalladas a los niños pequeños porque no las entienden. Los padres tienen que demostrar su autoridad absoluta, casi como si fueran sargentos, usando bastante la vara de corrección (Proverbios 13:24).

- **Maestros** (5-13 años) –Cuando los niños llegan a tener esta edad, todavía los padres tendrán que tratarles como "sargentos" en algunas ocasiones, pero también pueden comenzar a razonar más con ellos y darles explicaciones. Por ejemplo, en vez de solamente prohibir el jugar en la calle, pueden decir, "No puedes jugar donde hay muchos carros porque matan a otros, tal pasó el otro día al niño que fue atropellado."

- **Consejeros** (13-21 años) - Los adolescentes llegan a tener más responsabilidades. Muchos llegan a ser cristianos. Aunque sus padres todavía proveen la mayor parte de la comida y el abrigo, los jóvenes ya deben conocer bien lo que es el trabajo. En esta etapa, aunque a veces todavía tendrá que haber castigo (por ejemplo, el quitar privilegios), es mejor dejar "la vara de corrección." Así poco a poco el padre llega a ser como consejero para sus hijos jóvenes, al menos si éstos están madurando bien.

- **Amigos** (hijos adultos) –Hasta este punto, aunque siempre han querido a sus hijos y pasado tiempo con ellos, los buenos padres no han sido sus "amigos" en el sentido de tratarles como "iguales" en sabiduría. Al contrario, han mantenido su posición de autoridad. Cuando los hijos maduran y se comportan como adultos responsables, entonces los padres pueden llegar a ser en cierto sentido, sus amigos, buscando su consejo y dejando que tomen sus propias decisiones en la vida.

Dos Peligros

Hay peligro espiritual cuando los padres (1) no dejan el papel que ya debían de haber abandonando, o (2) cuando se adelantan y toman un papel que sus hijos no están listos para aceptar.

Ejemplos del primer peligro:

- Es un gran error cuando los hijos de 21 años en adelante siguen viviendo con los padres sin ayudarles económicamente como si todavía dependieran completamente de ellos. Si los hijos adultos tienen que seguir viviendo con sus padres un rato, deben pagar algo a éstos para ayudarles con los gastos. Los padres que no lo exigen, hacen que sus hijos se atrasen en cuanto al alcanzar la independencia. Mejor es que puedan salir y ganar su propio pan y vivir en su propio lugar por más humilde que sea.

- A veces los padres de los adolescentes entre 18 y 21 años siguen actuando como sargentos, dando muchas prohibiciones sin dar explicaciones a sus hijos, aunque éstos tienen la edad para entenderlas. Aunque raras veces los padres tengan que decir a sus hijos adolescentes, "¡No, porque te lo dije!" por lo general ya no es tiempo para ser sargento. Deben tratar de razonar con ellos y darles las explicaciones (Col. 3:21).

Ejemplos del segundo error

- He visto a muchas madres que quieren ser "amigas" de sus hijas adolescentes, es decir hablar con ellas como si estuvieran en un plano de igualdad. (Y lamentablemente algunas madres quieren vestirse y actuar como si todavía fueran adolescentes.) Pero las jóvenes no necesitan que sus madres sean como amigas adolescentes, sino adultos que todavía tienen la autoridad para poner límites y corregirles cuando sea necesario.

- Algunos padres quieren dar consejo suave a niños pequeños como si fueran adultos razonables ¡cuando necesitan de algún "sargento" que les castigue! Cuando el hijo pega a otro, le dice "no" a sus padres, estorba la reunión de la iglesia o en otra forma se rebela, ya no es tiempo de hablarles suavemente tal como se oye a menudo...

- "Juanito, Papi se pone triste cuando pegas a tu amigo. Por favor, no lo hagas más."

- O, "Juanito, no es cortés llamar a tu abuelo 'ese viejo.' Te voy a pedir que no lo vuelvas a hacer."

Cuando vemos este tipo de rebelión, ¡no es tiempo para hablar suavemente, sino de buscar una varita y aplicarla a la colita!

¡Que Dios nos ayude como padres a tomar el papel apropiado conforme a las acciones y las edades de nuestros hijos!

La importancia de enseñar a nuestros hijos a esperar

Hace más de 30 años se hizo un estudio en la universidad de Stanford en California de algunos niños de cuatro años. A cada niño le fue dado un dulce y le fue dicho que si no lo comiera, en 20 minutos se le daría otro. Entonces los niños fueron observados.

Muchos comieron inmediatamente su dulce y por tanto no recibieron otro. Otros brincaban y daban vueltas en sus asientos tratando de controlar la tentación y unos pocos esperaron con paciencia durante los 20 minutos, no comiendo su dulce, para recibir el otro prometido.

Lo más interesante es que algunos 20 años más tarde volvieron a analizar a los niños del estudio como adultos y había una diferencia muy marcada entre los que esperaron y los que no tuvieron dominio propio sino buscaron la gratificación del momento. Casi sin excepción, los que esperaron tuvieron buenos puestos de responsabilidad y habían sacado buenas notas en la escuela mientras que los otros por lo general habían tenido varios problemas sociales en la vida.

Aplicación

La Biblia enseña que las mejores bendiciones vienen a los que esperan con paciencia (Salmos 27:14; 62:1,5; Is. 30:18; Sofonías 3:8, etc.) y debemos enseñar este principio a nuestros hijos. Significa no regalarles demasiados juguetes, sino enseñarles a trabajar y ahorrar para conseguir lo deseado a través del tiempo. Significa hablarles mucho del cielo y de la importancia de esperar con paciencia las bendiciones que vienen solamente a los que esperan con dominio propio, señalándoles con mucho amor los problemas que acompañan la falta de dominio propio y paciencia.

(de "Creced" 9/2002)

La importancia de enseñar la importancia del trabajo

2 Tesalonicenses 3:10 - "Si alguno no quiere trabajar, tampoco coma."

Efesios 4:28 - "El que hurtaba, no hurte más, sino trabaje, haciendo con sus manos lo que es bueno, para que tenga qué compartir con el que padece necesidad."

El trabajar para ganar el pan de cada día es honroso a los ojos de Dios y también para los hombres. Los individuos que no quieren trabajar se ven mal en todas las culturas. ¿Cómo podemos enseñar a nuestros hijos la importancia de trabajar?

1. Darles tareas cuando son pequeños - Se dan las primeras tareas a los niños cuando tienen entre uno y dos años y normalmente tiene que ver con el poner los juguetes en su lugar (quizás una caja) al terminar con ellos. Al tener unos pocos años más, los niños pueden ayudar a sus padres a barrer y a limpiar varias partes de la casa. Aunque al principio esta "ayuda" en verdad no ayuda, es sumamente importante dejar que lo hagan y que sean alabados al hacerlo, "Miren como Juancito está ayudando a mami a barrer."

Cuando son más grandes, deben ser responsables por hacer sus camas y por limpiar sus cuartos. Cuando lo hacen bien, deben ser alabados, pero cuando no lo hacen bien, deben perder privilegios en la casa. Me acuerdo que mi tarea todos los sábados por la mañana era limpiar el garaje y también pasar la aspiradora por el piso de la sala. Pensé que mi mamá era muy cruel al darme estas tareas, especialmente cuando vi a mis amigos jugando afuera. Una vez le dije, "Mira como todos mis amigos están afuera jugando y yo aquí adentro con estas tareas."

Mi mamá respondió con una sonrisa, tomándome el pelo, "es que sus madres los quieren a ellos más que yo a ti."

Si es posible, al llegar a tener sus 16 -18 años nuestros hijos jóvenes deben buscar trabajo afuera de la casa. Deben poder gastar un poco de lo que ganan (por ejemplo, hasta 25%) en lo que quieran (normalmente compran aparatos electrónicos), pero lo demás debe ser ahorrado o dado a los padres para los gastos de la familia. Llegué a tener mi primer trabajo así cuando tenía 13 años, vendiendo periódicos todas las mañanas.

2. No escuchar excusas - Los haraganes siempre dan excusas para no trabajar. Proverbios 26:13 "Dice el perezoso: El león está en el camino; El león está en las calles."

A veces los niños y los jóvenes harán todo lo que puedan para evitar el trabajo. Los padres astutos no harán caso a estas excusas sino con amor pero firmeza les dirán que tienen que cumplir con sus responsabilidades si no están enfermos de verdad.

Siempre les conviene en estos casos hacer recordar a los niños y jóvenes que aunque el trabajo pocas veces es "divertido," da satisfacción y propósito al hombre y de más importancia agrada a Dios. A lo largo los que son diligentes en su trabajo tienen más satisfacción en sus vidas que los haraganes que siempre buscan excusas para evitar el trabajo.

3 Tomar satisfacción en el trabajo - Al terminar la creación, Dios tomó el tiempo para observarla y declarar que estaba bien (Génesis 1:31). ¡Así debemos hacer nosotros! Al terminar la limpieza de la casa es bueno sentir satisfacción al ver lo bonita que está. Hasta hoy, me gusta ver casas que ayudé a construir como joven cuando trabajaba como ayudante para un albañil.

4. La importancia de prepararse para ganar el pan de cada día cuando sean adultos - Significa el aprender bien un oficio (como reparar autos, construir casas, sembrar, etc.) o quizás ir a la escuela para aprender cómo ser maestro, enfermera, etc. La clave que es desde pequeños, los niños sepan que Dios quiere que trabajen como adultos para ganar el pan de cada día y que se preparen para hacerlo,

5. Ningún trabajo es "servil" para Dios sino honroso - Esto debe ser reflejado en la actitud de los padres, los cuales deben respetar a todos los obreros y deben expresar ese respecto frente a sus hijos.

6. No regalar demasiadas cosas a los hijos - Aunque los padres siempre van a dar algunos regalos a sus hijos, no deben hacerlo demasiado sino que deben exigir que éstos trabajen para conseguir la mayor parte de las cosas que quieran. Por ejemplo, si los hijos quieren algún juguete o aparato electrónico, los padres no deben comprarlo inmediatamente para ellos, sino que deben sentarse con los hijos y hacer un plan por medio del cual ellos puedan ganar el dinero por el trabajo para conseguirlo en algunos meses o aun años en el futuro.

Esta forma de proceder bendice a nuestros hijos al menos en dos formas: (1) Lo que viene fácilmente no es apreciado. A veces veo que los niños descartan juegos que les han regalado después de poco tiempo. Pero si ellos mismos han trabajado para ganar el dinero para comprarlos, son más apreciados y mejor cuidados. (2) Los hijos aprenden que Dios nos da lo bueno en la vida solamente si lo esperamos.

Por supuesto lo más valioso que los padres pueden dar a sus hijos es el amor para con Dios y el amor para con el prójimo. Pero casi tan valioso es la enseñanza en cuanto a la importancia del trabajo y la satisfacción que viene por él. Que Dios nos ayude.

Crea un concepto de maravilla en sus hijos

Los grandes hombres de fe en la Biblia siempre se maravillaron al ver la grandeza de Dios en la naturaleza.

Salmos 8:3,4 - "Cuando veo tus cielos, obra de tus dedos, La luna y las estrellas que tú formaste, digo: ¿Qué es el hombre, para que tengas de él memoria, Y el hijo del hombre, para que lo visites?"

Romanos 1:20 - "Porque las cosas invisibles de él, su eterno poder y deidad, se hacen claramente visibles desde la creación del mundo, siendo entendidas por medio de las cosas hechas…"

Una tragedia en nuestra cultura moderna

A los niños normalmente les gusta explorar su ambiente. Se maravillan al ver los animales, las montañas, los cielos, las tormentas y otro fenómeno de la naturaleza. Pero, entre muchas cosas trágicas que están pasando en la cultura moderna del Occidente con respecto a los niños, vemos la pérdida del sentido de la maravilla en muchos de ellos. En vez de gozarse del aire libre, más y más pasan la mayor parte de su tiempo encerrados en sus casas y apartamentos jugando con juegos de video, mirando la televisión y charlando con amigos en el Internet. Cuando alguien sugiere que salgan a dar un paseo en el bosque o que hagan algo al aire libre, responden con poco interés, "eso me aburre, prefiero ir de compras, etc."

El perder la maravilla al observar la naturaleza es un paso hacia el perder respecto por Dios quién la hizo (Romanos 1:20). Si queremos ayudar a nuestros hijos a sentirse fascinados al pensar en Dios, tenemos que ayudarles a sentir la maravilla de observar Su creación.

¿Cómo crear un sentido de maravilla?

- **Limitar acceso a la televisión, la computadora, los juegos de video, etc.** Debemos dar cierto tiempo indicado y fijo para este tipo de actividad (quizás una hora, una hora y media o máximo dos horas cada día, al menos los días de la semana cuando están en la escuela). Los padres tienen que ser firmes al hacer cumplir con estas reglas.

- **Dar énfasis a la alegría que viene de los libros.** Los libros deben ser tesoros para los niños. Es una regla general que por más libros que los niños lean, mejores notas sacan en la escuela y más se maravillan al observar el mundo que Dios nos hizo. La prioridad, por supuesto, debe ser los libros con historias bíblicas, pero también los padres (y abuelos y amigos) deben buscar libros para los niños que tratan de la naturaleza y otros temas saludables. Muchas ciudades y pueblos tienen librerías dónde proveen libros para los niños.

- **Tomar tiempo para llevar a los niños al campo,** a los parques, a los jardines zoológicos, al mar (aunque no recomiendo las playas públicas debido a la semidesnudez que se encuentra allí) y otros lugares dónde pueden observar la creación de Dios. Al estar al aire libre, no es tan importante que se preocupen por el decoro y la limpieza. ¡Métanse en los arroyos o los lagos, suban las lomas, exploren los bosques!

- **Aprender a observar la naturaleza y mantener el sentido de maravilla como adultos** - Mostremos con entusiasmo a los niños como las hormigas recogen su comida, como las nubes se forman para producir aguaceros, como los animales cuidan de su crías, como el planeta Venus sube o baja antes o después del sol, etc. Todos los días vemos maravillas de Dios en la naturaleza y debemos aprender a mencionarlas a los hijos para compartir esas maravillas con ellos. No corramos por la vida con tanto apuro que no tomemos tiempo para detenernos para observar la grandeza de Dios en Su creación."

Para pensar un poco más...

Un hombre llamado Francis Adams, político y diplomático del siglo 19 llevó un diario, Un día escribió en el, "Llevé a mi hijo a pescar, un día mal gastado."

Pero su hijo, Brook Adams, también llevó un diario el cual también ha sido preservado. En aquel mismo día él escribió, "Fui hoy a pescar con mi padre. Fue el día más maravilloso de mi vida."

El padre pensó haber mal gastado su día, pero el hijo lo vio como una buena inversión del tiempo. La única forma para distinguir entre el malgasto del tiempo y el invertirlo bien es saber el verdadero propósito en la vida y juzgar conforme a él.

(La historia de Frncis Adams por Silas Shotwell)

¿Cómo criar a hijos generosos y desinteresados?

Una cristiana dijo, "Hemos criado a demasiados jóvenes consentidos y egoístas los cuales piensan que cada decisión familiar tiene que favorecerles a ellos y que sus padres deben de sacrificarlo todo para ellos sin tomarse en cuenta a sí mismos, mucho menos al Señor y a Su pueblo." ¿Cómo podemos criar a hijos que son dadivosos y no egoístas ni consentidos?

(1) El ejemplo

Los padres egoístas no van a poder criar a hijos desinteresados. Por otro lado, los que piensan que para ser generosos es necesario rendirse siempre frente a las exigencias de sus hijos, van a consentirles y producir el mismo egoísmo que quieren evitar. Es mejor que los hijos vean a los padres sirviendo unos a otros en forma desinteresada y gozosa. También, los padres deben señalar y recomendar a sus hijos los ejemplos de buenos individuos desprendidos, dando énfasis a la alegría y la satisfacción que siempre acompañan el servicio a otros.

(2) Que los hijos participen en las decisiones para ayudar a otros

Que los padres hablen con los hijos acerca de aumentar la ofrenda, mencionando los sacrificios que quizás sean necesarios para hacerlo. Cuando algunos hermanos se encuentren necesitados debido a algún desastre natural o circunstancias en la vida, los padres cristianos deben consultar con sus hijos en cuanto a cómo poder ayudarles. También, es bueno dejar que nuestros hijos nos acompañen al visitar con los enfermos y necesitados.

Es mejor no "mandar" a los hijos a ayudar a otros, sino presentarles la necesidad y dejar que ellos decidan cómo proceder. Por ejemplo, se puede decir algo como,"la hermana Fulana se encuentra muy sola después de la muerte de su marido. ¿Tienes alguna idea en cuanto a cómo puedes animarla?" Si no tienen ninguna idea, puede sugerir varias posibilidades, por ejemplo,"¿A ella le gustaría ver un dibujo tuyo? ¿qué le envíes una tarjeta? ¿qué le llames?"etc. Entonces, si el hijo hace algo para ayudar al necesitado o al anciano, que le alabe mucho por el tiempo que ha dedicado para animar a otros.

(3) Nuestros hijos, el dinero y las tareas

Es necesario que los niños tengan un poco de dinero que les pertenezca a ellos si van a aprender a usarlo en forma desinteresada. Deben de dar a otros lo que pertenece a ellos en vez de dar algo que les ha sido entregado a ellos para dar. La mejor forma en que los niños pueden conseguir el dinero es por el trabajo y las tareas ya que así lo van a tener que conseguir en toda la vida.

Cuando tienen su propio dinero, entonces los padres deben enseñarles a usarlo para varias necesidades: algo para la contribución en la iglesia, algo para dar a otros, algo para ahorrar y algo para diversiones sanas.

Por supuesto, los hijos deben de aprender que para ser en verdad generosos y no egoístas, hay muchas tareas que pueden hacer sin esperar compensación monetaria, por ejemplo, el hacer su cama, ayudar con la limpieza de la casa y el lavar los platos. Los hijos (¡no solamente hijas, sino varones también!) que no aprenden a compartir con estas responsabilidades domésticas llegan a ser pobres partidos para el matrimonio.

(4) La enseñanza bíblica

Por supuesto los padres cristianos tienen que proveer a sus hijos lo que las escuelas públicas nunca les van a dar— la enseñanza bíblica en cuanto a la generosidad. Algunos niños que enseñé hace poco conocían los textos bíblicos que hablan del bautismo, la iglesia, la salvación y otros temas bíblicos, pero ninguno conocía las palabras de Jesús que exigen que los discípulos se nieguen a sí mismos y tomen su cruz para seguirle. No cabe duda que Jesús dio más interés al servicio y al desinterés personal que cualquier otra cosa. ¡Enseñemos este énfasis a nuestros hijos!

Lamentablemente, las escuelas públicas, la prensa, los psicólogos, psiquiatras y consejeros enseñan el egoísmo en forma directa o indirecta — "tú tienes el derecho para hacer lo que te de la gana, a dirigir tus propios pasos en la vida sin preocuparse tanto por los demás." Si nuestros hijos no reciben la enseñanza bíblica que contradice el espíritu egoísta de la cultura occidental, van a ser consumidos por él.

Resumen

Los padres tienen que exigir que sus hijos no sean egoístas con sus madres. Las madres tiene que exigir que no sean egoístas con sus padres. Los dos deben exigir que no sean así con sus hermanos y amigos. Jamás el egoísmo debe ser aceptado o tolerado.

Es importante comenzar a enseñar a nuestros hijos a no ser egoístas cuando sean pequeños y así controlables. Si esperamos hasta que sean jóvenes, ya será tarde y pronto les veremos egoístas y obsesionados con los placeres y con poco interés en servir a Dios o a los otros. ¡Que Dios nos ayude!

(*Adaptado de un artículo por Sewell Hall*).

¿Cómo enseñar la modestia a nuestras hijas jóvenes?

La Biblia dice,

❞...Que las mujeres se atavíen de ropa decorosa, con pudor y modestia, no con peinado ostentoso, ni oro, ni perlas, ni vestidos costosos, sino con buenas obras, como corresponde a mujeres que profesan piedad" (1 Timoteo 2:9).

- "Vuestro atavío no sea el externo de peinados ostentosos, adornos de oro o de vestidos lujosos, sino el interno, el del corazón, en el incorruptible ornato de un espíritu afable y apacible, que es de gran estima delante de Dios" (1 Pedro 3:3,4).

¿Cómo es posible enseñar los principios de modestia, sujeción y pudor a nuestras hijas en un mundo que da énfasis a lo opuesto: a la pretensión, el egoísmo y el ser "sexy"? Como padre de dos hijas, confieso que no es fácil. Cuando una joven está rodeada de compañeras superficiales, aun algunas que afirman ser cristianas, ¡es difícil ser diferente!

La importancia de comenzar desde una edad muy temprana

Es de suma importancia comenzar a enseñar a nuestras hijas los principios bíblicos de modestia y pudor desde una edad muy tierna. Si no les enseñamos los principios de humildad y servicio cuando son pequeñas, difícilmente los aprenderán cuando sean más grandes. Si les dejamos llevar trajes de baños reveladores, pantalones cortos y otra ropa cuestionable como niñas, la van a querer llevar luego como jóvenes. Sin embargo, si les enseñamos la santidad desde su niñez, quizás hay esperanza de criar a hijas santas, profundas y verdaderamente bellas.

Principios bíblicos que nuestras hijas necesitan desesperadamente

(1) ¡El camino de Dios siempre es el mejor! Debemos siempre repetir esta frase a nuestras hijas y reforzar este principio en las siguientes formas:

- Relatar historias bíblicas. Las historias bíblicas nos enseñan una y otra vez que los que siguen a Dios son bendecidos y los que son rebeldes sufren por su rebelión.

- Hablarles con humildad y compasión de ejemplos modernos acerca de personas que han tenido fracasos en sus vidas debido a su rebelión. Cuando tenemos que tratar con los problemas del egoísmo, del divorcio, de la fornicación, de la drogadicción, etc. entre nuestros amigos y familiares, es bueno señalar a nuestras hijas que estos problemas vienen como el resultado de no confiar en Dios.

Es un hecho que las mujeres felices y las que llevan vidas más satisfactorias no son las que alcanzan puestos de jefas en las empresas o las que llegan a ser las mandamases en otros empeños, sino las que aprenden a servir a Dios, a sus familias y a otros. Dudar de esta verdad lleva a las cristianas al desastre espiritual. Dios no nos da sus mandamientos, inclusive los que tienen que ver con la ropa modesta y la sujeción para hacernos miserables, sino para hacernos felices y darnos la vida en abundancia (Juan 10:10). La aceptación de este hecho es la clave para el verdadero éxito en la vida.

(2) La modestia comienza con una actitud. De nada sirve que una joven o una mujer lleven una falda larga si tiene un espíritu dominante y rebelde. Todo tiene que comenzar con "un espíritu afable y apacible" (1 Pedro 5:1,2). Si una cristiana se adiestra para tener este espíritu más que cualquier otro atributo, ¡no va a querer llevar ropa estrafalaria! La ropa modesta es el producto natural de un espíritu contento de servicio. Que Dios nos ayude a infundir este espíritu en nuestras hijas.

(3) ¡No pertenecemos a este mundo! Somos peregrinos y extranjeros (1 Pedro 2:11). Es importante enseñar a nuestras hijas que el mundo está lleno de sufrimiento y dolor. Aun así podemos ser felices y gozosos solamente al reconocer que no somos de aquí y que vamos a un mejor sitio. Como ciudadanos del cielo, no debemos querer enredarnos con la cultura superficial del mundo con su obsesión con los artistas del cine y cantantes famosos. Es sumamente difícil enseñar esta verdad a jóvenes de 12-18 años, y por tanto tenemos que orar mucho y hacer todo lo posible para infundirla, con mucho amor y paciencia.

(4) La diferencia entre la belleza y la carnalidad. La carnalidad no es la belleza. Al dar más énfasis a la carnalidad el mundo está perdiendo el aprecio por lo bello. Este hecho se ilustra en los gustos comunes con respecto a la música y el arte. Menos gente hoy quieren la música bella sino la que tiene un ritmo llamativo. Los artistas modernos tratan de chocarnos o provocarnos, pero demuestran poco interés en la belleza. Lo mismo ha pasado con respecto a las modas. Ya no hay mucho interés en vestidos bonitos o blusas de colores bellos, sino o que interesa a muchos es mostrar el cuerpo en alguna forma llamativa. No hay nada de "belleza" en los bluejeans apretados o las blusas cortas y apretadas.

Las jóvenes cristianas que se visten con ropa modesta son verdaderamente bonitas. Están interesadas en la verdadera belleza que produce la sonrisa y la alegría y no la carnalidad que produce las miradas lascivias y la destrucción. La santidad es hermosa (Salmos 29:2; 96:9). Si logramos enseñar a nuestras hijas la importancia de la verdadera belleza y lo feo que es la carnalidad, habremos ganado una gran victoria.

¡Cuánto Dios necesita de jóvenes cristianas que son verdaderamente bellas y santas para brillar como luminares en un mundo que cada día es más decadente! ¡Que Dios nos ayude al criar a nuestras hijas a ser estas luces!

Enseñando a los jóvenes varones a respetar a las mujeres

¿Es más fácil criar a varones o hembras? He oído los dos lados de esta cuestión y creo que todo depende del temperamento del varón o de la hembra. Los dos tienen sus desafíos especiales. En este artículo vamos a estudiar la importancia de enseñar a los jóvenes varones a respetar a las mujeres.

La falta de respeto hacia la mujer

El siglo 21 ha visto una epidemia de la fornicación, el adulterio y todo tipo de impureza sexual. La revolución sexual ha sido acompañada por el machismo y la violencia en contra de la mujer. La obsesión con la pornografía y el sexo ilícito de cualquier fuente hace daño al concepto de la mujer, del matrimonio y de Dios. Poco a poco destruye la civilización. Cuando la sociedad rechaza a Dios, comienza a ser gobernada solamente por los deseos físicos y el egoísmo. Los varones comienzan a ver a la mujer, no cómo ayuda idónea creada a la imagen de Dios, sino solamente como objeto sexual.

Los padres cristianos deben preparar a sus hijos a no contaminarse con estos males satánicos. No solamente es importante enseñar a nuestros hijos desde su niñez que respeten al sexo femenino, sino es esencial hablar francamente con ellos desde la edad de 11,12 y 13 años acerca de la importancia de la pureza sexual. Tienen que ser adiestrados a verse como los protectores de las mujeres y no como aprovechadores de ellas. Aunque los jóvenes vean cosas que les estimulen (es imposible evitarlas), pueden aprender a controlar sus impulsos y ser caballeros cultos y refinados aunque más y más jóvenes varones estén llegando a portarse como animales.

Principios que ayudan a los jóvenes varones a respetar a las mujeres

a. Un pacto con los ojos (Job 31:1) - Job hizo un pacto con sus ojos a no mirar a una virgen en forma no sana. Los padres deben animar a los jóvenes a hacer lo mismo a no comprar ni ver revistas o videos pornográficos o sitios pornográficos en el Internet.

Algunos han hecho este pacto en forma escrita con jóvenes de clases bíblicas y grupos juveniles. El tener el pacto hecho en forma escrita refuerza el compromiso del joven. El pacto con los ojos también implica cuidado con los programas de televisión y especialmente las películas que ven.

Ejemplo de un contrato que se puede firmar - "Prometo no comprar o revistas, videos o sitios en el Internet que son pornográficos, diseñados para provocar los deseos sexuales." Al escribir algo así, se puede pedir al joven a firmarlo y no violarlo.

b. Un pacto con las manos (Mateo 5:30) - También el joven debe hacer un pacto con las manos a no tocar en forma no sana a las jóvenes y mujeres. Deben tener cuidado especialmente al estar "jugando." No conviene que los muchachos jueguen "cosquillas" con las jóvenes ni que las agarren "de sorpresa" sino que mantengan sus manos a un lado. Los jóvenes pueden divertirse sin tocar.

c. No apurarse a tener novia (Eclesiastés 3) - No es bueno que los jóvenes tiernos, de 12-17 años, tengan novias. Hay pasiones que deban ser controladas las cuales son más difíciles para dominar si desde una edad tierna hay mucha confianza en los miembros del sexo opuesto. Un poco de timidez con respeto a las muchachas es cosa sana. Si sus hijos jóvenes no tienen esta timidez es aun más importante hablar con ellos de la importancia de la discreción.

Cuando por fin llegan a tener una novia, es sumamente importante recordar el pacto con las manos. Los placeres sexuales son para el matrimonio y no para los novios. Los varones deben aprender a tener el dominio propio para controlar las manos.

(d) Proveer actividades sanas y llevarles a conocer a otros jóvenes cristianos - Los padres cristianos deben de proveer muchas actividades sanas para sus hijos jóvenes, especialmente actividades con otros jóvenes cristianos. Por más tiempo que puedan pasar con otros jóvenes cristianos, mejor. Que les inviten a sus casas, salgan con ellos a dar paseos y viajen aunque tenga que ser lejos para conocer a otros.

Aun cuando no pueden estar con jóvenes cristianos es importante que los jóvenes varones tengan muchas actividades. Si les gustan los deportes, pueden jugarlos, con tal que los deportes no quiten tiempo de los servicios de la iglesia y actividades espirituales.

Como siempre, los padres deben de orar por sus hijos, pidiendo sabiduría de Dios para ayudarles a ser puros y sanos en medio de un mundo que cada día es más corrompido.

(de "Creced" 12/04)

¿Estamos secularizando a nuestros hijos?

¿Por qué los jóvenes pierden la fe?

Un cristiano que era presidente de una universidad bien conocida dijo que por lo general los jóvenes cristianos no pierden su fe debido a la evolución que enseñan en el departamento de la ciencia, tampoco por el humanismo en los departamentos de filosofía y sociología, sino que se enredan tanto en sus actividades seculares que no tienen tiempo para lo espiritual. Por tanto, pasan por alto la asistencia de las reuniones de la iglesia, el estudio bíblico y tienen gente del mundo como amigos. Mueren espiritualmente no tanto debido al veneno espiritual sino debido a la falta de alimentación espiritual. ¡Y algunos de los padres más sinceros y con las mejores intenciones contribuyen a este fracaso!

Mis padres

Favor de perdonar una referencia personal. Mis padres se preocuparon mucho por el mantener el control de sus hijos. Hace 50 años mi padre se quejó que las escuelas trataban de encargarse de la crianza de los niños y determinó no dejar que lo hicieran con sus hijos. Tuvo cualquier programa de la escuela que afectara una actividad de la iglesia como una usurpación de parte de ésa. No participábamos en ninguna actividad deportiva organizada por la escuela, ni en la banda, niños exploradores, etc. Por lo general, al terminar las clases, regresábamos a casa.

Quizás usted tenga a mis padres como algo extremistas y quizás lo eran, pero una cosa fue cierta: tuvimos tiempo para cualquier actividad planeada por cristianos en el área donde vivíamos. No solamente asistíamos a cada reunión de la iglesia de la cual éramos miembros, sino que asistíamos a casi todos los servicios en reuniones de otras congregaciones cerca de nosotros cuando éstas tenían series especiales de predicaciones. Los evangelistas que visitaban cualquier congregación en nuestra ciudad se acostumbraron a ver a la familia Hall cerca del frente del local noche tras noche. No me acuerdo de ningún viaje a otra ciudad para ver alguna competencia deportiva, pero sí me acuerdo de muchos viajes a otros pueblos para asistir a conferencias bíblicas. Los predicadores del evangelio llegaron a ser nuestros héroes y los miembros de las congregaciones alrededor llegaron a ser nuestros amigos más queridos.

No quiero decir que todos los padres tengan que aceptar todas las normas de mis padres. Yo no lo hice. No obstante, es de suma importancia frenar la secularización galopante que ha llegado a ser tan común.

Muchas actividades para nuestros hijos

Los niños y jóvenes muchas veces son más ocupados que nadie. Pasan la mayor parte del día en la escuela o viajando a ella. Luego tienen que hacer sus tareas y participar en otros proyectos.

Muchos padres quieren proveer oportunidades seculares más allá de las proveídas en el plan normal del la escuela. Así inscriben a sus hijos en actividades deportivas las cuales llenan las tardes y grandes porciones de los sábados y a veces aun mucho tiempo el domingo. Si sus hijos no son muy dados a los deportes, les inscriben en clases musicales o en la banda. Otros llegan a ser de los niños exploradores o de otros grupos sociales.

¿Qué hay de mal en todas estas actividades? Por lo general, ¡nada en sí! El problema es que estas actividades pueden llegar a dominar las vidas de nuestros hijos. Por tanto, no debemos sorprendernos que hay menos jóvenes asistiendo a todas las reuniones de la iglesia y pocos que acompañan a sus padres a visitar servicios especiales en otras congregaciones. Algunos padres cristianos se quejan cuando la iglesia planea algo más allá de las reuniones normales porque interfiere con las tareas de la escuela o quizás con alguna actividad social.

Si dejamos que nuestros hijos sean dominados por lo secular, ¿cuándo podemos anticipar que cambien este énfasis para llegar a "buscar primeramente el reino de Dios y su justicia?" Si llegan a ser predominados por lo temporal en la escuela primaria, cuánto más serán presionados por ello en la secundaria. En la universidad habrá aun menos tiempo para el Señor, si no hay un gran esfuerzo para frenar las exigencias seculares. Si los jóvenes no han aprendido a dar prioridad a lo espiritual al estar con sus padres, es dudoso que lo aprendan al estar en la universidad. Y al terminar aquellos años sumergidos en el secularismo, muchas veces queda muy poca vida espiritual en ellos.

¡Y todo comienza cuando son pequeños!

(*Por Sewell Hall, {abreviado un poco} de Creced 4/2003*)

Las madres que crían a hijos sin padres

Una ilustración moderna: La hermana Eva siempre había tenido la mayor parte de la responsabilidad en la crianza de sus cuatro hijos varones porque su marido era mundano y no daba la atención adecuada a ellos. Entonces él murió y ella se quedó con la responsabilidad de criar sola a sus hijos cuando el mayor de sus hijos tenía quince años y el menor nueve. Ella les suplicó a sus hijos a ayudarle con las tareas alrededor de la casa, a buscar con más fervor a Dios y seguir adelante con la vida. Tres de los hijos de la hermana Eva: Paul, Jerry y Rex Earnhart dedicaron sus vidas a llevar el evangelio a otros países. El otro, Reid, era columna en una congregación en Carolina del Sur por muchos años.

Por supuesto, lo ideal es que un padre y una madre críen a los niños. Sin embargo, debido a los divorcios, a errores cometidos antes de llegar a ser cristianos, la muerte de cónyuges y otras complicaciones en la vida, algunas veces las madres se encuentran obligadas a criar solas a sus hijos. (A veces lo mismo pasa a los padres.) Aunque la ausencia de un padre complica la crianza de hijos, no es imposible hacerlo bien con la ayuda de Dios. Aparte de la hermana Eva, mencionada arriba, puedo pensar en docenas de cristianos fieles y consagrados, criados por madres sin ayuda de padres pero con la ayuda de Dios y cristianos fieles. No es una tarea imposible.

Sugerencias con bases bíblicas para madres solteras

(1) No piense que es una víctima. Algunas madres "solteras" comienzan a considerarse víctimas debido a sus circunstancias en la vida y este concepto se traslada a los hijos. Si es así el caso, los hijos se crían con un sentido de dependencia y de pesimismo. A pesar de los golpes de la vida, Dios no nos deja ser tentados más de lo que podemos soportar (1 Corintios 10:13). La vida es una bendición aunque tenemos pruebas en ella y las madres "solteras" deben de hacer todo lo posible para transmitir este optimismo y fe a sus hijos.

(2) La importancia de un horario fijo - Aunque algunas veces (por ejemplo, los sábados) se puede romper una rutina, por lo general es bueno que los niños y jóvenes tengan un horario fijo para levantarse, para orar y pensar en la palabra de Dios, para hacer sus tareas, para jugar y para tiempo libre. Es aun más importante buscar la estabilidad de una rutina cuando uno de los padres se ausenta.

(3) La importancia del trabajo - Es un principio que debe ser aplicado en todos los hogares (2 Tes. 3:10-12). Los niños que aprenden a hacer sus tareas y cumplir con varias responsabilidades alrededor de la casa casi siempre llegan a ser responsables.

(4) La disciplina - Las madres tienen que ser muy fuertes para controlar a sus hijos, especialmente a los varones. Significa el usar la vara de disciplina cuando son pequeños (Proverbios 13:24; 22:15; 29:15). Los varones que se controlan con la vara de disciplina cuando son pequeños mientras puedan ser dominados, se pueden controlar luego aun cuando llegan a ser adolescentes. Pero si no se les controla cuando son pequeños, será imposible controlarles como jóvenes. Los hijos tienen que tener límites bien definidos. Si hay conflicto con la madre, ella no puede dejar que ellos ganen. Tiene que ser firme y fuerte.

(5) Busque con más fervor a Dios. - La ausencia de un padre terrenal debe aumentar aún más el deseo para tener la influencia del Padre celestial en el hogar. Significa mucha oración con los hijos, muchos estudios bíblicos y grandes esfuerzos para reunirse con hermanos para estimular y ser estimulados al amor y a las buenas obras. Las madres solteras que no buscan de todo corazón a Dios, no tienen excusa si fracasan con sus hijos.

(6) Busque la ayuda de un cristiano varón que puede dar atención al hijo. Por supuesto esto debe ser hecho con discreción pero es bueno que los familiares cristianos (si hay) como tíos, abuelos y primos hagan un esfuerzo especial para dedicarse a los niños que se crían sin padres, llevándoles a reuniones de la iglesia, a ir "pescando" o a otras actividades recreativas. Si no hay familiares, los miembros de la iglesia deben hacer todo lo posible para ayudar.

La obligación de los cristianos en las iglesias - Los cristianos deben siempre buscar oportunidades para ayudar a las madres solteras ya que en mi mente recaen en la misma categoría como las viudas y los huérfanos (Santiago 1:27). ¡Necesitan de atención especial! Pueden ofrecer cuidar a los niños por algunas horas para que las madres puedan salir con las amigas para ir a un parque, hacer compras, etc. Deben observar para ver si las madres solteras necesitan de ayuda financiera. Es la religión pura y sin mácula.

Cristiano, ¿Qué hace usted para ayudar a las madres solteras que usted conoce? Examínese a sí mismo y haga los cambios necesarios para servir mejor a Cristo a través del servicio a otros.

(de "Creced" 10/2006)

Enseñando a nuestros hijos acerca del sexo

Salomón dio muchas instrucciones a su hijo en cuanto al sexo (Proverbios 5, etc.). Aunque es un tema delicado, los padres deben de hacer lo mismo como una parte de criar a sus hijos en la disciplina y amonestación del Señor (Efesios 6:4). Si los padres no comunican con sus hijos acerca del sexo, éstos van a recibir información de sus compañeros en la escuela o en la calle.

Cuando los hijos comienzan a hacer preguntas en cuanto al sexo, los padres deben esforzarse en contestarles con discreción y a veces con advertencias amorosas pero sin regaños. Normalmente los niños pequeños (de 1-6 años, por ejemplo) se satisfacen con respuestas breves. Por ejemplo, al preguntar ellos, "¿de dónde vienen los bebés?" se puede contestar que Dios los pone en el vientre de su mamá. Pero al llegar a ser más grandes (8-10 años) es importante darles más detalles, siempre tranquilizándoles que el sexo en si no es malo, sino bueno bajo el plan de Dios, o sea, dentro del matrimonio.

¿Cómo hacerlo? Algunas sugerencias

No hay ninguna regla bíblica en cuanto a cómo llevar a cabo esta tarea delicada, pero aquí presento algunas ideas las cuales tienen bases bíblicas

(1) Creo que es bueno hablar con ellos de lo básico antes de que tengan sus 8-9 años. No hay que decirles todo, sino solamente lo básico y dejar que ellos luego hagan preguntas si quieren más información.

(2) La Biblia habla del sexo, especialmente en el libro de Génesis. Al leer las historias bíblicas con los niños (por ejemplo Génesis 16:4; 30:3,4, etc.) un padre puede explicar lo que significa estas expresiones, hablando de la biología y también de las bendiciones y peligros que rodean el sexo. Así el niño comienza a ver el sexo en el contexto bíblico.

(3) Se venden algunos buenos libros en las librerías evangélicas diseñadas para enseñar a los niños acerca del sexo desde el punto de vista bíblico. (Véase algunas sugerencias abajo.) Algunos padres dan estos libros a sus hijos diciendo, "aquí hay un libro acerca del plan de Dios para los casados." Entonces hablan con los niños del contenido de los libros y de los principios bíblicos involucrados.

No hay ninguna forma fácil para introducir este tema a nuestros hijos. Pero los padres responsables, van a encontrar la forma de hacerlo, siempre con mucha oración y amor.

Algunos libros "evangélicos"

Con respecto a este tema, el concepto evangélico es muchas veces el bíblico. Se puede conseguir los siguientes libros al pedirlos en librerías "evangélicas" o en el Internet.

El Editorial Mundo Hispano (Casa Bautista de Publicaciones) tiene una serie de cuatro libros por Stan y Brenna Jones diseñados para niños de diferentes edades los cuales explican el plan de Dios para el sexo. Aunque no tengo los libros en mi posesión, las descripciones hablan mucho de la importancia de seguir los principios de Dios con relación al tema. Cada libro cuesta alrededor de $5 - $6 U.S. Si no aparecen en una librería evangélica o bautista, se los puede conseguir en el sitio <www.claramente.com>, o en el sitio de la *Casa Bautista de Publicaciones*, <www.editorialmh.org>.

- Libro 1 (niños de 3-5 años) *"Mi Historia – El Plan de Dios para el Sexo* - Producto # 46240

- Libro 2 (niños de 5-8 años) *"Antes de mi Nacimiento" - El Plan de Dios para el Sexo* - Producto # 46241

- Libro 3 (edad - 8-11 años) *"¿De qué se Trata? -El Plan de Dios para el Sexo* - Producto # 46242

- Libro 4 (edad - 11-14 años) *"Esta a Es La Realidad" - El Plan de Dios para el Sexo* - Producto # 46243

- *"Sexo y más"* por Michael Lawson y Dr. David Skipp, Editorial Unilit, producto No. 490249. ($5 dólares U.S.) Este libro no es para niños pequeños sino para jóvenes de 12 años en arriba ya que tiene dibujos algo gráficos. Sin embargo habla del sexo de la perspectiva bíblica aunque sin muchos textos bíblicos.

(de "Creced" 2/2006)

¡Proteja a sus hijos de un gran peligro!

El joven cristiano lloraba amargamente y desconsoladamente al confesar su pecado. Yo le había visto antes como muy espiritual y un ejemplo para los demás jóvenes, pero al oír sus palabras tan difícilmente habladas entre los gemidos angustiados, me di cuenta junto con otro hermano mayor de edad que le escuchaba, que no era así. Poco a poco el joven logró contar su historia la cual fue interrumpida varias veces por momentos de llantos incontrolables. Al tener doce años encontró la pornografía por casualidad en el Internet y desde entonces comenzó a buscarla más, entrando en sitios más y más depravados hasta el punto que su obsesión le impulsó a tocar a otros jóvenes en formas inapropiadas y así su pecado fue descubierto.

Durante sus cinco años de adicción, su conciencia le remordía continuamente. A veces logró pasar meses sin entrar en páginas pornográficas, pero a lo largo su adicción siempre ganó la batalla y volvió fascinado otra vez a la suciedad moral la cual iba trastornando su concepto de la mujer y de si mismo.

Después de oír su confesión, el otro hermano y yo oramos con el joven y tratamos de preparar un plan para ayudarle a buscar la ayuda de Dios para batallar su adicción tan dañina. El joven aceptó cortar completamente el acceso del Internet y prometió llenar su vida con más estudio bíblico y oración. Dijo que iba a llamar a hermanos de confianza cada vez que se encontrara tentado a volver a la putrefacción moral. El tiempo dirá si en verdad se aferra a Dios y así logra controlar a su obsesión.

Lamentablemente este joven no es el único. Me encuentro con más y más jóvenes (varones en particular) que confiesan tener grandes batallas con la pornografía, particularmente la que se encuentra en el Internet. La batalla es más grande en este país donde la mayor parte de los hogares tienen acceso al Internet.

Información de un experto

Un cristiano fiel, Art Adams, es licenciado para ayudar a los adictos y ha escrito un artículo en la revista *Biblical Insights* (Perspectivas Bíblicas) acerca de la plaga de pornografía en el Internet. Dice que más del 60% de las visitas al Internet tienen que ver con algún propósito sexual y que más de 100 páginas pornográficas se abren todos los días. Lo que lo hace más peligroso es que los que entran en los sitios pornográficos no temen ser descubiertos ya que pueden llenar sus mentes con fantasías sexuales desde la privacidad de sus casas. Lo que más tienta a los hombres son las páginas con estimulación visual y lo que más tienta a las mujeres son los "cuartos de chat" donde pueden hablar de sus fantasías con otros. Así poco a poco descienden en el abismo de adicción y pierden la capacidad para funcionar como buenos maridos, esposas, padres, madres, hijos, etc. La cultura y la sociedad se corrompen más y más porque su base, la familia, se destruye con las obsesiones dañinas.

Características de la adicción y del adicto

El hermano Adams habla de varias cualidades de la adicción a la pornografía

(1) Es progresiva. - Lo que satisface al principio no sigue dando satisfacción y por tanto el individuo comienza a buscar la pornografía más extrema. Luego la obsesión va más allá de lo que se encuentra en la pantalla y comienza a afectar la vida real. Por más que se deja enredar, más se mete en prácticas depravadas como el homosexualismo, el incesto y otras perversiones feas.

(2) El adicto comienza a obsesionarse por sus visitas a sitios pornográficos y tiene fantasías acerca de ellas.

(3) El individuo pierde la capacidad para controlarse o dejar de ver la pornografía. Puede pasar horas mirando la pornografía o "chateando" acerca de sus fantasías. Ya no toma en cuenta el tiempo, el espacio ni los sitios que ha visitado.

(4) Sigue buscando la pornografía aun después de ser descubierto y de sufrir consecuencias desagradables con su familia y sus hermanos. Llega a ser aun más retorcido al hacer planes para volver a la pornografía tratando de hacerlo sin que sus familiares lo sepan.

(5) Si sigue bajando en el abismo de pornografía, su pecado va aun más allá de la fornicación que destruye su alma y sus relaciones familiares y **llegará a cometer crímenes sexuales** como el molestar a niños u otros adultos. Pero no le importa nada de esto porque está obsesionado con el satisfacer su curiosidad y sus perversiones que cada vez son más viles.

¿Qué pueden hacer los que ya están viendo sitios pornográficos?

(1) Cortar acceso inmediatamente al Internet o cualquier otra fuente de pornografía. - Cuanto más rápido se abandone el descenso al abismo de la pornografía, más fácilmente se puede salir de él, mientras más tiempo se quede en él, más difícil será escapar.

No debemos aceptar excusas como "necesito el Internet por mi trabajo o la educación." El que tiene problemas con la pornografía y pone esta excusa demuestra no ser serio acerca de vencer al monstruo que le está matando espiritualmente. Jesús dijo que si la mano o el ojo es ocasión de caer que es mejor cortarlos para entrar al cielo (Mateo 5:27-30). ¡Cuanto más este principio se puede aplicar al Internet! Si el adicto es serio en cuanto a batallar su obsesión con la pornografía del Internet. ¡Cortará el acceso a él!

(2) Confesar - Hay que confesarlo todo a Dios y a individuos de confianza que pueden ayudar. Si el adicto es joven, debe confesar a sus padres y buscar su ayuda. Los padres no deben reaccionar con ira al oír del problema de sus hijos, sino con calma hacer un plan para ayudarles a batallar al enemigo.

(3) El arrepentido debe llamar a un cristiano de confianza cada vez que se encuentre tentado. - Así su amigo puede tranquilizarle, orar con él y dirigir sus pensamientos hacia lo sano.

(4) Llenar la vida con estudio bíblico, oración y servicio a otros - Mientras más nos dediquemos a lo que en verdad tiene valor en la vida, menos tiempo tenemos para llenar la vida de la porquería moral que Satanás quiere usar para destruirnos.

¿Qué pueden hacer los padres?

El Internet puede traer muchas bendiciones (material bíblico y educativo) pero es tan peligroso que los padres tienen que tener sumo cuidado al dejar que sus hijos tengan acceso a él. Aun muchachos que parecen ser muy sanos (como el joven mencionado arriba) pueden ser seducidos y enredados. Recomiendo fuertemente las siguientes precauciones si los padres van a permitir acceso al Internet en casa:

(1) Programas que bloquean acceso a sitios pornográficos - Aunque no son perfectos, pueden rechazar la mayor parte de los sitios pornográficos.

(2) Poner la computadora en un lugar público en la casa donde todos pueden ver lo que se está viendo.

(3) Controlar la computadora con el uso de contraseña. O sea, que haya una contraseña que solamente los padres conocen y que ellos sean los que únicos que puedan prender la computadora (o abrir el acceso al Internet) con la contraseña.

(4) Aprender a ver el historial del uso del Internet - Todos los programas populares para entrar al Internet dejan un historial de todos los sitios visitados. Los padres deben aprender a consultar el historial para ver los sitios que sus hijos han visitado. Si hay evidencia de abuso y de que alguien ha borrado el historial (algunos niños sagaces aprenden a hacerlo), el acceso al Internet o a la computadora debe ser cortado inmediatamente.

(5) Cortar acceso al Internet o a la computadora en el momento que aparezca la posibilidad de algún problema. ¡Es mejor que su hijo entre al cielo sin computadora que entre en el infierno con una!

Usar estas precauciones no es desconfiar en los hijos, sino es protegerles de un peligro que ha contaminado a muchos sanos.

Conclusión

No hay ningún enemigo que no podemos vencer con la ayuda de Dios. La clave es aborrecer el pecado y si nos encontramos débiles frente a la tentación, cortar acceso inmediatamente con ella, llenando la vida de lo sano para que no haya espacio para el veneno moral.

(*de "Creced" 10/2008*)

Proteja a sus hijos de la adicción a los juegos de video

Una madre me dijo, "Mi hijo no quiere hacer nada sino jugar con los juegos de video. Pasa horas jugando y se enoja mucho cuando le decimos que tiene que dejarlos para hacer cualquier otra cosa."

• Una joven cristiana me dijo que su hermano no quiere ir a la escuela ni trabajar. Cuando le pregunté, "¿qué hace, entonces, con su tiempo?" me respondió, "pasa todo el día con los juegos de video."

• Una señora escribió, "Cada noche cuando mi marido llega de su trabajo, va directamente a la computadora y comienza a jugar con los juegos allí hasta la una o las dos de la mañana. Dice que tiene que relajarse, pero en vez de sentirse mejor después de jugar tantas horas, tiene más estrés."

Se oyen muchas historias como estas al estar nuestro mundo inundado con varios juegos los cuales son cada día más accesibles. Aunque no se puede decir que los juegos inocentes son pecaminosos en sí, como todo tipo de diversión llevan sus peligros espirituales.

Tres Peligros Espirituales

(1) Contenido pecaminoso - Como ha pasado con la televisión y el cine, el mundo de los juegos de video se ha llenado del sexo y la violencia. Si los padres revisan la comida que va al estómago de sus hijos para estar seguros que es sana, ¡cuánto más deben preocuparse por lo que llena sus mentes!

(2) La adicción - Aun los juegos de fantasía que no incluyen el sexo y la violencia pueden llegar a ser adictivos y dominar la vida de los jugadores. Olivia y Kurt Bruner han escrito un libro en inglés sobre el asunto y han dicho,

> Los juegos de videos son como drogas digitales - La investigación ha demostrado que el jugar juegos de video afecta la concentración de los niños en la escuela, resulta en notas más bajas, afecta la salud de los niños, mata su creatividad, les hace alejar de su familia y sus amigos, disminuye su sentido de responsabilidad y disciplina y les hace enfocar en su propia gratificación en vez del servicio a otros.

El apóstol Pablo habló del peligro de no dejarse dominar por ninguna cosa (1 Corintios 6:12) y estoy seguro que este principio incluye el peligro de dejarse dominar por los juegos de video.

(3) El mal gasto del tiempo - Los jóvenes (y adultos) deben de preguntarse cuánto tiempo gastan diariamente o semanalmente en los juegos de video. Aunque se puede defender unos minutos de diversión con juegos sanos, cuando los minutos llegan a ser horas ya no estamos aprovechando bien el tiempo (Ef. 5:16). Estas horas serían mejor usadas con tiempo para la familia, con el servicio a otros, con la palabra de Dios y oración.

¿Qué hacer para evitar la adicción a los juegos?

- **Considerar no tenerlos en casa.** Aunque a algunos les parece ser drástico no tener televisor ni juegos de video en casa, muchas familias viven bien sin ellos. Su servidor se crió sin televisor en casa.

- **Aplazar su uso con los niños** – La investigación ha revelado que por más pequeño que sean los niños al ser introducidos a los juegos, más tienden a ser dominados por ellos.

- **Limitar su uso** – Si los juegos van a estar en casa, tienen que ser estrictamente controlados, usados minutos y no horas. Si los niños se quejan de los límites impuestos por los padres, entonces los juegos deben ser quitados completamente por algún tiempo. Debemos controlar a nuestros hijos y no dejar que ellos nos controlen a nosotros.

Hay serios problemas con los juegos de video si sus hijos...

- Juegan todos los días
- Juegan tres o cuatro horas sin parar.
- Prefieren jugar juegos de video en vez de participar en actividades sociales o recreativas con otros.
- No hacen sus tareas porque están jugando.
- Se ponen muy inquietos y de mal humor cuando no pueden jugar.
- Pierden interés en la vida real.

¿Qué hacer cuando ya hay serios problemas?

• Tener una reunión familiar para hablar del problema y del hecho que tendrán que haber cambios drásticos para el bienestar de todos.

• Haga una regla estricta que los juegos solamente pueden ser usados en ciertas horas del día y solamente por algunos (quizás 30-45) minutos y que si se usan más, o en otras horas, serán quitados completamente.

• Si los hijos no aceptan las reglas o si se quejan de ellas, que los juegos sean quitados por algún tiempo (una semana, un mes) o para siempre.

• Si después de imponer reglas en cuanto a los juegos de video y de computadora, siguen siendo fuente de problemas y conflicto, ¡que los boten! Mejor entrar en cielo sin juegos de video que pasar la eternidad en el infierno con ellos.

• Llenar la vida de nuestros hijos con actividades sanas: el servicio a otros, el tiempo con cristianos, los libros, la música, los deportes, viajes al parque o al campo. Si usted ha sido haragán, dejando que sus hijos jueguen con los videos para no tener que preocuparse por ellos, pida perdón a Dios y a ellos y dedíquese a ayudarles a encontrar cosas sanas para llenar sus vidas. Dios y otros cristianos le pueden ayudar.

Satanás quiere matar a nuestros hijos y a nosotros mismos. No le demos las armas que necesita para lograr este objetivo. Dios nos ayudará en la batalla si aceptamos las armas que nos da para defendernos (Ef. 6:10-18).   (*de Creced 10/2010*)

¿Cómo ayudar a nuestros hijos a ser masculinos? ¿Nuestras hijas a ser femeninas?

Vivimos en un mundo torcido y corrompido en cuanto a lo espiritual, lo moral y también lo sexual. En este país, los Estados Unidos, el homosexualismo ha sido promovido hasta el punto que no se puede hablar en contra de él en las escuelas y lugares públicos sin censura. En algunas partes de Canadá es ilegal citar los textos bíblicos que condenan el homosexualismo. Algunos jóvenes me han dicho que es "de moda" experimentar con actos homosexuales en las escuelas secundarias que asisten.

¿Cómo podemos criar a nuestros hijos a ser puros en medio de tanta corrupción? En particular, ¿cómo podemos ayudarles a evitar el homosexualismo? El acto homosexual es condenado rotundamente en la Biblia (Rom.1:26,27: 1 Cor. 6:9,10).

Hay muchas teorías en cuanto a lo que produce el homosexualismo En un artículo *"Roots of Homosexuality"* (raíces del homosexualismo) Bob Davies y Lori Rentzel dicen, "las circunstancias y las presiones que hacen que un hombre o una mujer a concluya, 'soy homosexual,' o 'soy lesbiana' pueden ser trazadas por cada etapa del crecimiento y desarrollo de un individuo." (<http://exodus.to/library_prevention_25.shtml>) Piensan que cuando los niños no llegan a tener una buena relación con sus padres y las niñas con sus madres, aumenta mucho la posibilidad de tendencias homosexuales. El abuso sexual de un niño también promueve el homosexualismo.

¿Qué podemos hacer para ayudar a nuestros hijos con su identidad sexual?

(1) Mucho cariño y atención en el primer año de la vida. Durante el primer año de la vida, es esencial que el niño desarrolle un fuerte lazo de amor con sus padres que les lleva a tener un buen concepto de si mismo. Cuando este proceso se estorba, el niño queda susceptible a todo tipo de problema, inclusive la confusión en cuanto a su identidad sexual.

(2) Amarles aunque tengan gustos diferentes que los nuestros. Davies y Rentzel dicen que los niños que nacen con temperamentos "sensibles, intuitivos o artísticos" a veces sufren con respecto a sus relaciones con sus padres. "Si un niño con este temperamento experimenta el rechazo o las burlas de su padre, es casi seguro que va a tener problemas con su identidad sexual en el futuro." Lo mismo puede pasar a niñas atléticas con sus madres.

Algunos piensan que la idea la frase en Proverbios 22:6, "instruya al niño en su camino," es que los padres deben de criar a sus hijos conforme a sus temperamentos y sus talentos. El hijo artístico necesita apoyo de su padre en su arte. Solamente por ser artístico, no va a ser homosexual. Es de suma importancia que nuestros hijos pequeños sepan que les amamos con los temperamentos que Dios les ha dado.

(3) Promover un espíritu femenino en las niñas, un masculino en los niños. Al crear la raza humana, Dios hizo "varón" y "hembra." (Mateo 19:4) Las niñas no deben siempre andar en pantalones y camisetas, sino deben aprender el gozo que viene al ponerse vestidos bonitos, al tener cabello largo y femenino (1 Corintios 11:2-16) y ser niña de verdad. Que jueguen con las muñecas y ayuden a las madres con los niños recién nacidos. Los feministas en los Estados Unidos dicen que el animar a las niñas en sus instintos femeninos y maternos es promover "estereotipos sexuales," pero en verdad es promover lo que Dios quiere para las niñas.

Los niños deben gozarse de su masculinidad. Van a correr, meterse en broncas y ensuciarse. Aunque por supuesto deben de aprender la cortesía y el dominio propio, por el otro lado no conviene sobreprotegerlos, sino dejar que sean niños cuando juegan si no molestan a otros.

(4) Mantener el equilibrio durante los problemas de la adolescencia. La adolescencia es un tiempo de fuertes emociones e impulsos sexuales. A veces los jóvenes débiles se confunden y aun experimentan con el homosexualismo. No significa necesariamente que van a ser homosexuales. En esta etapa necesitan de padres firmes pero amorosos que oran mucho por ellos y les dejan ver la estabilidad y paz que provienen cuando uno se dedica a Dios.

(5) Siempre promover una conciencia de Dios, de su amor y del horror del pecado. A fin de cuentas el homosexualismo viene al rechazar uno a Dios (Romanos 1:26,27). Aun si un individuo sufre de tentaciones homosexuales, el amor de Dios puede sanar esta tendencia tan dañina. Lo más importante que los padres pueden hacer para sus hijos es infundir en ellos un amor para con Dios. Entonces, todo lo demás se arregla a lo largo. (*de Creced 3/2003*)

"Mami, tengo un novio" o, "Papi, tengo una novia"

Son palabras que todo padre cristiano teme. Al oírlas muchas veces sienten pánico.

En la cultura superficial del mundo, los jóvenes y niños son presionados a una edad muy tierna a tener su novio/a. Los programas de la televisión, las revistas y la presión de los amigos promueven este tipo de relación. Así vemos a niños de 14, 13, 12 y aun menos años con su "novio/a." Pronto comienzan los toques, las caricias y otras acciones que degradan el dominio propio de los niños y jóvenes y les llevan hacia el pecado desastroso. Los niños y jóvenes que no tienen "novios" a veces son vistos como "nerds" o fuera de moda.

¿Cómo los padres pueden prepararse para oír estas palabras por la primera vez?

(1) Hablarles desde temprano de la importancia de esperar (Eclesiastés 3:1-8). Los padres deben de hablar con sus hijos cuando éstos son pequeños acerca del hecho que pronto van a sentir atracción por el sexo opuesto. Aunque esta atracción es natural, no les conviene tener un solo novio/a por mucho tiempo. Algunos padres prohíben que sus hijos salgan con miembros del sexo opuesto, si no es parte de un grupo de jóvenes, hasta que tengan sus 17 o 18 años. Creo que es una buena regla. La juventud de 12-16 años es un tiempo para madurar y gozar de los pasatiempos sanos para jóvenes. ¡No es tiempo de tener novio!

Es bueno cuando hay cierta timidez con respeto a los del sexo opuesto. Cuando los niños y jóvenes pierden esta timidez y comienzan a tener demasiado confianza, pierden la inocencia y pueden llegar a tener muchos problemas. Me da lastima pensar en algunos padres y madres que animan a sus hijos a tener novios al tener éstos sus 12 o 13 años. Es promover el desastre. Aun cuando nuestros hijos llegan a tener sus 18-20 años, debemos animarles a no apurarse en establecer relaciones de seriedad con miembros del sexo opuesto.

(2) Hablarles de los peligros (2 Timoteo 2:22) - Hay varios problemas que surgen cuando los niños y jóvenes tienen "novios" a una edad tierna. Comienzan a pasar mucho tiempo juntos, despertando así las pasiones que son difíciles para controlar, especialmente por la falta de madurez que tienen. Al enfocarse en sus "novios/as" y al pasar mucho tiempo con ellos, descuidan sus estudios y los pasatiempos sanos. Son sordos a la razón. Al escucharla, solamente responden, "¡pero le amo!"

Los padres siempre deben de hablar de estos peligros. Con discreción pueden hablar a los jóvenes de 12-18 años de los problemas que tienen otros por descuidar estos principios.

(3) Hacerles recordar que Dios tiene prioridad en todo (Mateo 6:33). Dios debe tener prioridad en todo, aun con respecto al novio que los jóvenes cristianos llegan a tener. Significa el no buscar un novio entre los mundanos, sino entre los que buscan a Dios. Creo que los padres cristianos deben prohibir que sus hijos tengan novios mundanos mientras vivan en el hogar. El tener un novio mundano debe ser visto como rebelión en contra de Dios y del hogar.

Pero si los padres van a prohibir los novios mundanos, deben hacer todo lo posible para que sus hijos pasen tiempo con jóvenes cristianos. Deben estar dispuestos para hacer grandes sacrificios para enviarles a campamentos, series de predicaciones y reuniones especiales donde van a haber jóvenes cristianos.

(4) No tener pánico cuando el momento llega. Aunque es fácil desesperarse cuando nuestros hijos anuncian tener su novio/a, los padres cristianos deben responder con calma y con amor. Debemos orar mucho y demostrar confianza a nuestros hijos cuando éstos han manifestado un deseo espiritual.

¿Qué hacer cuando el novio es mundano?

Lo que más preocupa a los padres cristianos es cuando sus hijos no toman su consejo y eligen a un novio/a mundano. Creo que las acciones de los padres en estas circunstancias dependen mucho de la edad de los hijos y de la actitud del mundano.

Los jóvenes tiernos: Como ya he indicado, creo que los padres tienen el derecho de prohibir novios mundanos o de cualquier tipo cuando sus hijos son tiernos (12-18 años). Si los hijos de esta edad insisten en tener un novio, los padres deben responder con firmeza ("no es posible") pero con amor y paciencia a la vez ("Recuerdo como es ser joven," "Dios te ayudará a esperar," etc. "Si es verdadero amor, puede esperar," etc.) Si los padres ya han establecido su autoridad y su amor en el hogar cuando sus niños son pequeños a través de la disciplina bíblica, pueden mantener su autoridad, aun frente a esta situación difícil.

Los mayores: Cuando los jóvenes tienen más años o no viven ya en la casa de los padres, la situación es un poco más difícil. Creo que la actitud que los padres deben expresar frente a sus hijos mayores con novios mundanos debe ser algo así:

- "Estamos preocupados porque estás en una situación muy peligrosa."

- "Pero si insistes en tener este novio (o novia) vamos a orar y ver si te podemos ayudar. Vamos a invitar a tu novio/a a tener un estudio bíblico." O, "Vamos a invitarle a visitar la iglesia." etcétera

Así pueden ver si el novio (o la novia) en verdad tiene interés espiritual. Si tiene interés espiritual, los padres pueden tener un poco más de paciencia y quizás aun ayudarles a obedecer a Cristo. Pero si el novio no demuestra nada de interés espiritual, los padres deben de oponerse amorosamente y tranquilamente a la relación. Digo "tranquilamente" porque de nada sirve "echar una rabieta" o tener un ataque cardíaco. Quizás el hijo (o la hija) decida casarse con la novia (o el novio) mundano de todos modos y si esto pasa, los padres tendrán que aceptar la situación y tratar de llevarse bien con su nuevo yerno o nuera. Esto se puede lograr mejor si la oposición ha sido amorosa y tranquila. Se puede decir al novio que no es personal, pero puesto que Dios es lo más importante de la vida, "tememos cualquier relación que sea establecida sin tomar en cuenta a Dios." (*de "Creced" 10/2005*)

¿Cómo Dios quiere que procedamos?

Cuando los hijos se rebelan

Acabo de pasar tiempo con unos amigos que habían pasado varios años alejados de su hijo mayor, quién pasó ese tiempo tomando drogas y bebiendo bebidas alcohólicas con compañeros mundanos. Me hablaron francamente de los conflictos que tuvieron con su hijo, cómo él había robado el dinero de ellos y por fin se arrepintió.

Hay muchos hijos pródigos en nuestro mundo pervertido. Algunos mantienen algún contacto con sus padres, aunque alejados de Dios, pero otros abandonan completamente todo lo relacionado con su niñez. ¿Cuáles son algunos principios bíblicos que pueden ayudar a los padres al enfrentar la rebelión de sus hijos?

(1) No dejarse ser consumidos por sentimientos de culpabilidad. (Ezequiel 18:20) Aunque todos nosotros vemos faltas en nuestro proceder como padres, de nada sirve dejarnos deprimir sobremanera por nuestros errores. Pidamos el perdón de Dios y supliquemos Su ayuda para rescatar lo perdido.

Los hijos muchas veces tratan de aprovecharse de los sentimientos de culpabilidad, acusando a sus padres de entrometerse demasiado en sus vidas, de ser demasiado estrictos, etc. De ningún modo los padres deben dejarse manipular así, sino con amor deben admitir faltas, pero a la vez impresionar a los hijos que como adultos son responsables por sus propias acciones.

(2) Permitir que los hijos sufran las consecuencias por su rebelión. El hijo pródigo solamente se despertó en cuanto a la insensatez de su rebelión al estar con los cerdos (Lucas 15:15-17). Es interesante notar que el padre de la historia de Jesús, no impidió que su hijo sufriera las consecuencias de su rebelión, sino se despidió de él tristemente, esperando que los sufrimientos le abrieran los ojos, lo cual en efecto pasó. Sin embargo, muchos padres impiden lo que despertaría a sus hijos — el ver las consecuencias de su rebelión.

(a) El hambre. Entre otras cosas es lo que despertó al hijo pródigo de Lucas 15. Dios dice, "si alguno no quiere trabajar, tampoco coma." (2 Tes. 3:10) Los padres que dan comida y abrigo a un hijo adulto que no quiere trabajar o buscar trabajo están facilitando su rebelión.

(b) El encarcelamiento. Si un hijo es arrestado por su rebelión, los padres deben pensar dos veces antes de pagar rápidamente la fianza para que salga, especialmente si no demuestra tristeza por sus acciones. A veces unos pocos días en la cárcel, por tan feos que sean, pueden abrir los ojos de los pródigos.

(c) Las deudas. Si un hijo rebelde se mete en problemas económicos por jugar, destruir propiedades al estar bajo la influencia del alcohol o las drogas, no querer trabajar etcétera, los padres no deben librarle de estas consecuencias.

Aunque les cueste mucho ver el sufrimiento de sus hijos, deben reconocer que este sufrimiento es quizás lo que despierte a sus hijos para que se arrepientan.

Mis amigos, mencionados arriba, dijeron que su gran error al estar su hijo en el proceso de rebelarse, fue el facilitar su rebelión. Dejaron que él siguiera viviendo en su casa por varios meses sin pagar renta y sin trabajar. Le compraron un auto y cuando el hijo lo chocó, pagaron las reparaciones. Así el joven (tenía 18 años) no llegó a ver la consecuencias de su rebelión, hasta que los padres se despertaron y le dejaron sufrirlas.

Hijos que han terminado con sus estudios y viven en la casa de sus padres deben trabajar y ayudar a sus padres con los gastos. Los que se niegan a trabajar, sino pasan su tiempo durmiendo y vagando con amigos ociosos están en camino de rebelión y los padres que lo permiten, son cómplices.

(3) Expresar siempre el amor. Aunque los buenos padres tienen que insistir en soluciones difíciles, siempre deben de expresar su amor. Aunque los hijos no lo acepten en el momento, el tiempo y la madurez muchas veces les abren los ojos.

(4) La oración, el apoyo de hermanos. Queda sin decir que la oración es una clave para rescatar a los hijos perdidos. También, debemos pedir la ayuda y las oraciones de los hermanos para apoyarnos en los tiempos difíciles.

(5) La ayuda profesional si su hijo es adicto de las drogas. Haga todo lo posible para conseguir ayuda profesional por su hijo adicto.

(6) El optimismo. Es interesante notar que el padre del hijo pródigo le estaba esperando al regresar éste al hogar y nuestros hijos perdidos siempre deben de saber que les esperamos con los los brazos abiertos cuando se despierten y estén dispuestos a sujetarse a Dios y a las reglas del hogar. Y así pasa muchas veces. ¡Los pródigos muchas veces regresan! Que Dios ayude a todos los padres que les esperan.

Reglas que los padres tienen derecho de exigir de sus hijos

- Si no estudian, que tengan o busquen trabajo para ayudar con los gastos del hogar.

- Lleguen a casa a una hora razonable de la noche.

- No se asocien con compañeros ociosos, los que tomen drogas o se emborrachen,

- Traten a sus padres (y hermanos) con respeto y amor.

Pasos en la rebelión

(1) Compañeros mundanos (1 Corintios 15:33) Casi toda rebelión comienza con los compañeros superficiales del mundo. Cuando son niños, podemos prohibir este tipo de compañerismo, pero por más grande que sean, más difícil es.

La mejor forma para evitar este suceso es asegurar que nuestros hijos tengan mucho compañerismo con buenos jóvenes y buenos cristianos desde su niñez. Debemos invitar continuamente a otros buenos cristianos, especialmente sus niños y jóvenes, a pasar tiempo en nuestros hogares y en actividades fuera del hogar. Si llegamos a saber de reuniones especiales de niños o jóvenes para estudios bíblicos u otras actividades, enviemos a nuestros hijos a ellas desde pequeños. (Por más años que lleguen a tener, más tímidos se ponen y más resisten la idea de reunirse con otros de su edad. Por tanto, es esencial que les juntemos con otros desde pequeños.)

(2) Resentimiento en cuanto a las reglas del hogar. No quieren asistir a las reuniones de la iglesia diciendo, "mis padres me fuerzan ir a las reuniones." "Ustedes siempre me quieren controlar." "Ya tengo X años, y sé hacer mis propias decisiones." "Es mi vida."

Los padres no deben ceder a este tipo de manipulación, sino con amor deben insistir en que al vivir en la casa de ellos, tendrán que vivir conforme a las reglas del hogar. Como el padre del hijo pródigo, deben decirles que si no les gustan las reglas (y si son tan independientes como afirman), pueden dejar la casa y conseguir su propio lugar dónde vivir.

(3) Comportamiento dañino e irracional. Quizás comiencen a tomar las bebidas alcohólicas o las drogas ilícitas, metiéndose en la pornografía y la fornicación. O, quizás se enreden en alguna doctrina falsa. Es la etapa más difícil para los padres, pero la esperanza es que al caer profundamente en el hoyo del pecado, los hijos se despierten a lo que es en verdad la vida.

Capítulo 6
Responsabilidades de Hijos

Obligaciones de los hijos, Parte 1

Obedecer a los padres (Efesios 6:1)

La sujeción de los hijos es tan importante para Dios que la pena de muerte fue exigida de los hijos adultos que se rebelaron en contra de sus padres (Deut. 21:18-21). La desobediencia a los padres es muy seria porque la actitud que los hijos tienen hacia los padres es casi siempre la misma actitud que llegan a tener hacia Dios.

La rebelión abierta no es la única clase de desobediencia. Los siguientes tipos ilustran diferentes formas "indirectas" de desobediencia:

Tipos de rebelión

(1) El "respondón" - El hijo respondón siempre tiene toda la razón y procura tener "la última palabra."

- "Limpia tu cuarto," le dice el padre al hijo.

"Pero el cuarto tuyo no está limpio," contesta el respondón.

- "No puedo permitirte ir a este sitio porque no es sano" dice la madre.

"Pero todos los demás jóvenes van allí," responde el respondón.

Con el hijo respondón siempre hay una excusa y una justificación. Muchas veces las palabras del respondón son dichas con sarcasmo, con impaciencia o con tono de superioridad. Aunque un hijo piense tener toda la razón, jamás tiene derecho de hablar con falta de respeto a sus padres. Si tiene que responder a lo que le dicen sus padres porque éstos no han tomado en cuenta cierto punto importante, tiene que ser una sola vez, y con sumo respeto y humildad.

Los padres deben castigar a sus hijos cuando son respondones y los hijos cristianos deben arrepentirse cuando se dan cuenta de este pecado.

(2) El que obedece "a cámara lenta" - Algunos "obedecen" a los padres (y así algunos también "obedecen" a Dios) pero con el mínimo esfuerzo.

Un ejemplo común: Los padres le dicen a los hijos que limpien la cocina (o su cuarto). Esto hacen en forma muy lenta y tratan de hacer lo mínimo posible.

El obedecer "a cámara lenta" es rebelión y no agrada a Dios. Los hijos deben aprender a obedecer con toda su fuerza, haciendo lo mejor que pueden en las tareas que les son dadas.

(3) El "sordo." La madre le dice al hijo, que apague el televisor. Pasan cinco minutos y el televisor todavía está prendido.

¿"Por qué no me obedeciste"? pregunta la madre.

"No te oí," contesta el joven aunque la madre estaba en el mismo cuarto y con voz bien audible.

Si la madre hubiera dicho, "Ven aquí, te voy a servir helado y bizcocho," o, "Quiero darte cinco dólares para que compres lo que quieras," los mismos oídos sordos habrían sido más cómo antenas parabólicas. Es que los hijos muchas veces son muy selectivos en cuanto a lo que "oyen."

Al oír la voz de los padres, el hijo obediente deja de fijarse en lo que está haciendo para prestar toda su atención a lo que le dicen.

(4) El demorón - Este oye la voz de sus padres pero demora en cumplir. Cuando la madre le regaña por no apagar el televisor, contesta así:

"Iba a apagarlo, después de esta parte del programa que me gusta."

El demorar es desobedecer. El hijo obediente aprende a obedecer inmediatamente.

Conclusión - Se podría hablar de otras clases de rebelión pero todas son indicaciones de lo mismo: una actitud no sumisa la cual no es aceptable a Dios. Aquellos que son respondones, lentos y sordos con sus padres llegan a ser así con Dios. Pero, los hijos obedientes a los padres por lo general llegan a ser hijos obedientes a Dios, gozando de las bendiciones que provienen de la sujeción y la humildad.

(de "Creced" 8/1995)

Obligaciones de los hijos,   Parte 2

Honrar a los padres

El honrar a los padres no está de moda en los Estados Unidos.

- En muchos programas de televisión (por ejemplo, "Los Simpsons") y en muchas películas los niños se ven como sabios y listos mientras los padres se presentan como lentos y bobos.

- En ellos se oyen más y más términos despectivos usados con referencia a los padres. Estos términos se repiten por los niños que miran tales programas.

- Hay un movimiento de "liberación de los niños" en el cual se habla del derecho de los niños a hacer lo que quieran "sin interferencia de sus padres."

Lamentablemente, la falta de respeto hacia los padres se ve también en Latinoamérica.

Dios manda a los hijos a honrar a sus padres (Ef. 6:2 y otros textos). ¿Cuáles son algunas formas en las cuales los hijos pueden honrar a sus padres?

(1) Darles las gracias - Los hijos pocas veces comprenden los sacrificios de sus padres para con ellos, los cuales comienzan desde muy temprano: Las madres sufren con el embarazo y el parto. Entonces los dos comienzan a trabajar día y noche cambiando pañales, preparando comida, comprando remedios y preocupándose en gran manera por la salud de sus queridos hijos.

Luego viene hora tras hora de instrucción, corrección y consolación. La preocupación por los malos compañeros, las lágrimas de tristeza, las noches sin dormir son parte de la vida de todos los padres. No obstante, por lo general todos están dispuestos a pasar por estas dificultades sin queja porque aman a sus hijos. Posteriormente los padres no quieren recibir dinero de los hijos, pero lo que sí les agrada mucho son las expresiones de amor y gratitud.

Hijos, ¿hace cuánto tiempo que ustedes han abrazado a sus padres y les han dicho, "gracias por todo tu amor"? Los abrazos y expresiones de amor cuestan poco, pero significan mucho a los padres. No seamos como los leprosos ingratos frente a los sacrificios de nuestros padres (Lucas 17:17).

(2) Cubrir sus defectos - No hay tal cosa como padres que no tengan fallas. Los hijos tienen dos caminos frente a los defectos de sus padres. (a) Hablar de ellos frente a otros, o, (b) cubrirlos. Por supuesto, el segundo camino es el de los hijos cristianos.

(3) Alabarles - En vez de hablar de defectos que los padres tengan, el hijo cristiano habla a todos de las buenas cualidades, del amor y sinceridad de sus padres.

Al fijarnos en las fuerzas de nuestros padres y cubrir sus defectos, les honramos a ellos y recibimos a la vez la aprobación de Dios, nuestro Padre celestial.

(4) Darles regalos - Algunos hijos ven la relación con sus padres como asunto de recibir y siempre recibir. Reciben comida, dinero, amor y tiempo. Pero, la idea de dar a sus padres les parece extraño.

Los hijos que quieren honrar a sus padres aprenden las bendiciones que provienen por el dar (Hech. 20:35). Aunque los niños pequeños no pueden comprar mucho, es precioso verles cuando llevan flores, dibujos, dulces u otros regalos a sus padres. (Los padres siempre deben aceptar los regalos de sus niños pequeños con mucha alegría, aunque sean sapos, mariposas, dulces medio descompuestos, etc.) Los hijos maduros son capaces de dar regalos más sustanciosos a sus padres. ¿Hace cuánto tiempo que usted ha dado algo a sus padres?

Aunque el honrar a los padres no está de moda en nuestro siglo 21, los hijos cristianos deben buscar este principio divino.

Obligaciones de los hijos, Parte 3,

Amarles y proveer para ellos cuando son ancianos

"Tengo 16 años y puedo hacer lo que quiero," declaró la joven inmadura.

"Mis padres tienen conceptos muy fuera de moda," dice otro. "Es como si fueran del siglo XX y no se han dado cuenta que estamos ya en el XXI."

Así hablan muchos jóvenes egoístas hoy en día No toman en consideración los sentimientos ni la sabiduría de sus padres, sino siempre reclaman sus derechos como hijos.

Los hijos cristianos se dan cuenta que el seguir a Cristo implica la preocupación por la felicidad de otros, inclusive la de sus padres. La "regla de oro" de Mateo 7:12 se aplica a los tratos de los hijos con sus padres también— "todas las cosas que queráis que los hombres hagan con vosotros, así haced vosotros con ellos."

Hijo, si usted fuera padre, ¿cómo desearía que sus hijos le trataran?

- ¿Desearía que sus hijos respetaran su experiencia y edad?

- ¿Desearía que le avisaran de sus planes?

- ¿Desearía abrazos y expresiones de amor?

- ¿Desearía que respondieran con respeto al haber desacuerdos?

Si así usted quisiera que sus hijos le trataran, trate así a sus padres, demostrando así que tiene más interés en el bienestar de ellos que en su propio bienestar.

Los hijos cristianos deben mostrar mucho amor hacia sus padres aunque éstos no sean cristianos. Así muchos jóvenes cristianos han ganado a sus padres, "sin palabra, por la conducta..." (I Pedro 3:1,2).

Cuando los padres llegan a ser ancianos

Muchas veces al visitar en los asilos de ancianos he visto algo muy triste: Se me acerca un anciano y me dice algo así, "hace meses que no he tenido noticias de mi hijo. Parece que me ha olvidado." Aunque esta desgracia es más común en los Estados Unidos que en los países latinos, (gracias a Dios que los latinos, por lo general, son más dedicados a la familia), este aspecto feo de nuestra cultura norteamericana, el descuido de los ancianos, va a llegar tarde o temprano a los países hispanos, tal como llega toda mala costumbre "del Norte."

Algunas de las palabras más fuertes de Pablo son dirigidas a los que no cuidan de "los suyos." "Si alguno no provee para los suyos, y mayormente para los de su casa, ha negado la fe y es peor que un incrédulo" (I Tim. 5:8).

Hijos, deben comenzar a pensar ahora mismo en el cuidado de sus padres y aun antes de que sean ancianos, y apenas tengan uso de razón. El cuidado de ellos no se trata solamente de lo económico sino también del amor y la atención. Proveer amor, significa el mantener la comunicación y el cuidado.

No siempre es "fácil" o conveniente cuidar de los padres ancianos. Pero recuerde usted, no les fue fácil levantarse en medio de la noche para cambiar sus pañales cuando era niño. No les fue fácil preocuparse por usted cuando era joven inmaduro. Pero, lo hicieron (al menos la mayor parte de los padres) con todo el amor.

Los hijos cristianos deben tener el cuidado de sus padres como un privilegio, recordando siempre las palabras de Jesús, "más bienaventurado es dar que recibir" (Hechos 20:35).

(de Creced 12/1995)

Quejándose de los padres

Se oye a muchos jóvenes y adultos que critican a sus padres. Dicen que sus padres...

- ... eran demasiado estrictos
- ... eran demasiado blandos
- ... castigaron demasiado
- ... no castigaron bastante
- ... no les dieron bastante atención
- ... les consintieron

A veces tienen algo de razón en sus críticas. No hay padres perfectos aun cuando quieran serlo y lamentablemente muchos son egoístas, irracionales y hasta abusadores.

¿Por qué criticar a los padres?

A veces hablamos de los defectos de nuestros padres con mucha discreción a amigos de confianza para pedirles que oren por ellos, o para tratar de buscar la sanidad para nuestras propias cicatrices emocionales. No creo que el hablar así con agudeza con unos pocos es malo. No obstante, hay otras formas menos loables en las cuales criticamos a nuestros padres, especialmente cuando lo hacemos no discretamente con unos pocos amigos de confianza sino irrespetuosamente con muchos.

(1) Justificar actos pecaminosos - Los abogados siempre relatan los errores de los padres de sus clientes criminales para tratar de justificar las acciones de éstos y muchas veces nosotros hacemos algo parecido."Tengo un genio fuerte y hablo mal a mi esposa porque así era mi papá," dice el machista para justificarse. Y así se justifican también el borracho, el afanoso, el mujeriego, etc.

Si somos de Cristo, aceptamos Su ayuda para superar los defectos que hemos visto en nuestros padres. Si en verdad hemos dejado que Él nos lave y nos transforme, no seguimos siendo esclavos a errores que ellos hubieran cometido. Pero si tratamos de justificar acciones pecaminosas al quejarnos de nuestros padres en vez de arrepentirnos de ellas y confesarlas, entonces seguimos con el viejo hombre sin revestirnos del nuevo (Col. 3:11,12).

El mejor camino es aceptar la responsabilidad personal - Ezequiel 18 es quizás el mejor capítulo para explicar este principio. Comenzando con el versículo 14 Dios habla del hijo que ve los errores de su padre y decide no seguir en ellos. Luego dice, "El hijo no llevará el pecado del padre" (vs. 20). Somos responsables por nuestras acciones a pesar de los errores de nuestros padres.

(2) Justificar el rencor y el sentirse víctima - A muchos les gusta sentirse víctimas al pensar en las fallas de sus padres. Por más que las recuerdan y hablan de ellas, más se llenan de resentimiento.

El mejor camino es vencer con el bien el mal (Romanos 12:21) - Me ha dado mucha alegría ver a una hermana en Cristo, abusada verbalmente por su padre cuando era niña, tratarle con amor y cariño durante los últimos años de su vida, recibiendo por fin de él, el amor que le faltaba como niña. Venció con el bien el mal y así imitó a Cristo. Está feliz y se siente conforme con su vida, en contraste con otros que siguen resentidos y con sentido de ser víctimas.

El amor cubre todo (1 Corintios 13:7). El comentarista Albert Barnes dice que esta frase incluye la idea de guardar secretos. El amor cubre los defectos de nuestros padres, escondiendo así sus faltas y les desea bien aunque nos hubieran tratado mal a nosotros en algunos aspectos.

Tengamos cuidado al criticar a nuestros padres quiénes nos han sido dados por Dios. (*de "Creced" 9/2012*)